敎義品

소태산
대종경
마음공부

2
·
교의품

글 · 균산 최정풍 교무

머리말

『대종경大宗經』은 원불교 교조인 소태산少太山 박중빈朴重彬 대종사大宗師의 언행록입니다. 원기47년서기1962년에 완정하여 『정전正典』과 합본, 『원불교교전』으로 편찬 발행되었습니다. 『정전』이 소태산 대종사가 직접 저술한 원불교 제1의 경전이라면 『대종경』은 그의 사상 전반을 이해할 수 있는 제2의 대표 경전입니다. 소태산 대종사의 열반원기28년, 서기1943년 후 『대종경』 편찬에 신속히 착수한 제자들의 노력 덕분에 소태산 대종사의 생생한 말씀과 행적이 온전하게 세상에 전해지게 되었습니다.

소태산의 수제자 정산鼎山 종사는 "정전은 교리의 원강을 밝혀 주신 '원元'의 경전이요, 대종경은 두루 통달케 하여 주신 '통通'의 경전이라"고 설한 바 있습니다. 원리적인 가르침을 압축해놓은 『정전』의 이해를 도와주는 필독 경전이라고 할 수 있습니다.

『대종경』은 별다른 해석이나 주석 없이 그냥 쉽게 읽을 수 있는 경전입니다. 하지만 요즘 사람들에게는 낯선 한자 용어에 대한 설명이나 내용 이해를 돕는 부연 설명이 경전 읽기에 도움이 될 수도 있겠다는 생각으로 이 책을 집필하게 되었습니다.

또한 『대종경』을 처음 공부하는 이들이 좀 더 쉽게 내용을 파악하도록 돕기 위해서 기획되었습니다. 그런 이유에서 첫째로 『대종경』 원문의 문장을 새롭게 구분해서 실었습니다. 기본적인 편집 방식에서 벗어나 문단을 왼쪽 정렬로 편집하고 필자 임의로 문단 나누기, 문장 나누기, 띄어쓰기를 했습니다. 둘째, 어려운 용어들은 사전적 풀이를 요약해서 원문 밑에 실었습니다. 셋째, 원문에 대한 필자의 부연 설명을 시도했습니다.

이 내용들은 매우 주관적인 해석이라는 한계를 갖고 있습니다. 다른 교재들을 충분히 참고할 것을 권합니다. 넷째, 경전 내용의 실생활 활용에 방점을 둔 질문들을 해보았습니다. 경전의 내용 파악을 돕기 위한 질문도 있지만 자신의 삶을 성찰해야만 응답할 수 있는 질문도 포함되었습니다. 이에 대한 대답은 독자마다 다를 것이고 독자들의 공부 정도에 따라서도 달라질 것입니다. 특정한 정답이 아니라 최선의 답이 필요할 뿐입니다. 이런 질문에 응답하는 과정에서 공부가 깊어지기를 바랍니다. 스스로 더 많이 자문자답하기를 기대합니다.

필자는 출가 교무이며 주로 교화자로서 살아온 사람입니다. 이 책도 교화자의 관점에서 쓰인 교화교재입니다. 또한 책에 담긴 필자의 견해가 교단의 공식적 견해와 모두 일치한다고 할 수 없습니다. 현명한 독자들께서 이런 점을 감안하여 공부의 한 방편으로 교재를 활용해 주시기 바랍니다. 아무쪼록 이 작은 책이 주세불 소태산 대종사의 심통제자가 되는 데 겨자씨만 한 도움이라도 되기를 간절히 소망합니다. 감사합니다.

소태산 마음학교 원남교실 경원재에서
원기108년 3월 1일 균산 최정풍 교무 합장

『대종경』 공부를 하기 전에 『원불교교사敎史』 일독을 권합니다.
『대종경』이 언행록言行錄이지만 그 상황에 대한 자세한 설명은 생략된 경우가 많습니다.
교사를 읽으면 법문의 전후 상황을 파악하는 데 큰 도움이 됩니다.

다음은 『대종경大宗經』 공부에 도움이 될만한 대표적인 해설서 및 참고 도서입니다.
『원불교대종경해의』 (한정석, 동아시아, 2001),
『대종경풀이』 (류성태, 원불교출판사, 2005),
『주석 대종경선외록』 (편저 이공전, 주석 서문성, 원불교출판사, 2017),
『초고로 읽는 대종경』 (고시용, 원불교출판사, 2022),
『원불교교고총간』 (원불교출판사, 1994) 등이 있습니다.

법문과 원불교 용어 설명 대부분은
'원불교' 홈페이지 http://won.or.kr/ '경전법문집', '원불교대사전' 내용을 인용했습니다.
그 밖에는 '네이버 사전' http://naver.com 에서 인용했습니다.

'나의 마음공부'란에는 몇 가지 질문을 실었지만 답을 싣지는 않았습니다.
'자문자답'이 더 중요하다고 생각했습니다.
답을 찾는 과정이 '교당내왕시 주의사항'을 실천하는 계기가 되기를 기대합니다.
먼저 자력으로 답을 해보고, '교화단'에서 회화도 하고, 교화단장이나 교무 등 지도인과
문답問答·감정鑑定·해오解悟를 하는 소재가 되기를 기대합니다.

본문의 문체는 최대한 구어체를 사용했습니다. 독자와의 거리감을 줄이려는 노력이지만
전통적인 문법에는 맞지 않을 수 있음을 양해해 주시기 바랍니다.

이 책을 '경전' 훈련을 위한 '자습서' 삼아서 밑줄도 치고 필기도 하면서 편리하게
활용해주시면 감사하겠습니다.

▶ YouTube '소태산 마음학교'에서 관련 대종경 동영상 시청이 가능합니다.

• 이 책은 하정우, 임정윤님의 후원으로 출판되었습니다. 감사합니다.

교의품
教義品

목차

교의품 1장	: 모든 교주가 때를 따라 나오시어	10
교의품 2장	: 천하의 큰 도	16
교의품 3장	: 일원상과 인간과의 관계	20
교의품 4장	: 일원상의 신앙	26
교의품 5장	: 일원상의 수행	32
교의품 6장	: 손가락으로 달을 가리킴	38
교의품 7장	: 공·원·정	42
교의품 8장	: 그 진리를 실생활에 활용하고자	48
교의품 9장	: 어찌 서가모니 불상을 모시지 아니하고	52
교의품 10장	: 아무리 어리석은 사람이라도	58
교의품 11장	: 일원상과 서가모니불과의 관계	62
교의품 12장	: 불상 숭배와 일원상 숭배의 다른 점	66
교의품 13장	: 불상을 수 천 년이나 모셔 보았으므로	70
교의품 14장	: 사실로 이해하기 좋은 신앙처	74
교의품 15장	: 죄복을 직접 당처에 비는 실지불공	80
교의품 16장	: 진리불공은 어떻게 올리나이까	88
교의품 17장	: 심고의 감응되는 이치	94
교의품 18장	: 우리 공부의 요도 삼학	100
교의품 19장	: 참답고 영원한 의·식·주 해결의 길	106
교의품 20장	: 여러가지 과정으로 고루 훈련하나니	110

교의품 21장 :	삼학을 병진하는 것은	114
교의품 22장 :	천만 경계에 항상 삼학의 대중을 놓지 말아야	118
교의품 23장 :	그 사람의 근기를 따라	122
교의품 24장 :	직접 구전심수로	126
교의품 25장 :	공부인에게 계율을 주지 않을 수 없다	130
교의품 26장 :	한 계문은 비록 범한다 할지라도	136
교의품 27장 :	너희 교에서는 무엇을 가르치고 배우느냐	140
교의품 28장 :	도학 공부	144
교의품 29장 :	마음 작용하는 법을 가르친다	148
교의품 30장 :	참 문명 세계를 건설하는 데에 노력할지어다	154
교의품 31장 :	영육이 쌍전하고 내외가 겸전하여 결함 없는 세상	160
교의품 32장 :	도덕문명-제생의세하는 위대한 힘	164
교의품 33장 :	원융한 불법으로 두루 활용	168
교의품 34장 :	지금 세상은 어떠한 병이 들었는가	172
교의품 35장 :	이 병들을 고치기로 할진대	180
교의품 36장 :	종교와 정치, 자모와 엄부	186
교의품 37장 :	가는 곳마다 항상 동남풍의 주인공이 되라	190
교의품 38장 :	종교와 정치, 수레의 두 바퀴	196
교의품 39장 :	어찌하여야 새로운 종교로써 세상을 잘 교화하겠는가	200

1

대종사 말씀하시기를
[과거에 모든 교주(教主)가 때를 따라 나오시어 인생의 행할 바를 가르쳐 왔으나
그 교화의 주체는 시대와 지역을 따라 서로 달랐나니,
비유하여 말하자면 같은 의학 가운데도 각기 전문 분야가 있는 것과 같나니라.
그러므로, 불가(佛家)에서는 우주 만유의 형상 없는 것을 주체삼아서
생멸 없는 진리와 인과보응의 이치를 가르쳐
전미개오(轉迷開悟)의 길을 주로 밝히셨고,
유가(儒家)에서는 우주 만유의 형상 있는 것을 주체삼아서
삼강·오륜과 인·의·예·지를 가르쳐 수·제·치·평(修齊治平)의 길을 주로 밝히셨으며,
선가(仙家)에서는 우주 자연의 도를 주체삼아서 양성(養性)하는 방법을 가르쳐
청정 무위(清靜無爲)의 길을 주로 밝히셨나니,
이 세 가지 길이 그 주체는 비록 다를지라도
세상을 바르게 하고 생령을 이롭게 하는 것은 다 같은 것이니라.

그러나, 과거에는 유·불·선儒佛仙 삼교三敎가
각각 그 분야만의 교화를 주로 하여 왔지마는,
앞으로는 그 일부만 가지고는 널리 세상을 구원하지 못할 것이므로
우리는 이 모든 교리를 통합하여 수양·연구·취사의 일원화一圓化와
또는 영육쌍전靈肉雙全·이사 병행理事竝行 등 방법으로 모든 과정을 정하였나니,
누구든지 이대로 잘 공부한다면 다만 삼교의 종지를 일관할 뿐 아니라
세계 모든 종교의 교리며 천하의 모든 법이 다 한 마음에 돌아와서
능히 사통오달의 큰 도를 얻게 되리라.]

『대종경』「교의품」1장

- **전미개오 轉迷開悟** : 어지러운 번뇌에서 벗어나 열반의 깨달음에 이름.
- **수·제·치·평 修齊治平** : 유교의 수양론은 삼강령 팔조목이며, 팔조목 중에서 4조목이 수제치평에 해당된다. 유교 수양의 대체적 단계는 자신에게서 가족·국가·세계로 향하고 있다. 수신修身·제가齊家·치국治國·평천하平天下의 줄임말이다.
- **청정무위 淸靜無爲** : 우리의 마음이 본래 맑고 고요해서 어떠한 행위도 없다는 뜻. 무위는 선가의 핵심 사상으로 도道는 자연 그대로이므로 일체의 인위적 행동을 통해 자연을 거슬러서는 참다운 도가 아니라는 것이다. 논리적으로는 청정하기 때문에 무위하는 것이며, 무위하기 위해서는 청정해야 한다.
- **영육쌍전 靈肉雙全** : 영적인 삶 곧 정신의 고양을 추구하는 수도의 삶과 육신의 삶 즉 건강하고 건전한 현실 삶을 함께 온전히 완성해 가는 것을 추구하는 사상. 원불교 교리 표어 중 하나로 『원불교교전』 앞부분에 실려 있으며, 공부工夫와 사업事業을 병행하여 복福과 혜慧를 원만하게 갖추자는 이사병행의 이념과도 상통한다.
- **이사병행理事竝行** : 이치와 일을 아울러 수행하자는 것으로 이 표어는 『원불교교전』에는 나타나 있지 않으나, 처처불상 사사불공, 무시선 무처선, 동정일여 영육쌍전, 불법시생활 생활시불법 등의 교리표어의 뜻을 종합해서 표현한 개념이다.
- **사통오달 四通五達** ; 도로나 교통로, 통신망 따위가 이리저리 사방으로 통함.

모든 교주教主가 때를 따라 나오시어　　| 풀이 |

대종사 말씀하시기를
[과거에 모든 교주가 때를 따라 나오시어 인생의 행할 바를 가르쳐 왔으나
그 교화의 주체는 시대와 지역을 따라 서로 달랐나니,
비유하여 말하자면 같은 의학 가운데도 각기 전문 분야가 있는 것과 같나니라.

소태산 대종사님은 '교주' 즉 부처님과 성현님들은 인류 역사 속에서 그들이 출현해야 할 때 출현했다고 보셨습니다. 『정전』에서 "때를 따라 성자들이 출현하여 종교와 도덕으로써 우리에게 정로正路를 밟게 하여 주심이요"-「법률은」라고 설한 것과 같은 관점입니다. 시대와 지역이 달랐기 때문에 가르침의 내용도 다를 수밖에 없었던 것입니다. 병증에 따라 의술이 발달하듯이 종교들도 각기 다른 특장점을 가지게 되었다고 보신 것입니다.

그러므로, 불가佛家에서는 우주 만유의 형상 없는 것을 주체삼아서
생멸 없는 진리와 인과보응의 이치를 가르쳐
전미개오轉迷開悟의 길을 주로 밝히셨고,
유가儒家에서는 우주 만유의 형상 있는 것을 주체삼아서
삼강·오륜과 인·의·예·지를 가르쳐 수·제·치·평修齊治平의 길을 주로 밝히셨으며,
선가仙家에서는 우주 자연의 도를 주체삼아서 양성養性하는 방법을 가르쳐
청정 무위清靜無爲의 길을 주로 밝히셨나니,
이 세 가지 길이 그 주체는 비록 다를지라도
세상을 바르게 하고 생령을 이롭게 하는 것은 다 같은 것이니라.

유·불·선儒佛仙으로 대표되는 종교의 주된 내용들이 비록 서로 달라도
그 목적은 '세상을 바르게 하고 생령을 이롭게 하는' 같은 것입니다.
내과, 외과, 산부인과, 이비인후과 등으로 의료 분야가 나뉘어 있지만

이들 모두가 사람의 건강을 위한 것과 같습니다.

소태산 대종사님이 유·불·선 교리의 핵심을 간명하게 밝힌 내용을
유념해서 이해할 필요가 있습니다.
이들 내용을 삼학(정신수양·사리연구·작업취사)으로 통합 활용하기 때문입니다.

그러나, 과거에는 유·불·선儒佛仙 삼교三敎가
각각 그 분야만의 교화를 주로 하여 왔지마는,
앞으로는 그 일부만 가지고는 널리 세상을 구원하지 못할 것이므로
우리는 이 모든 교리를 통합하여 수양·연구·취사의 일원화一圓化와
또는 영육쌍전靈肉雙全·이사 병행理事並行 등 방법으로 모든 과정을 정하였나니,

소태산 대종사님이 유·불·선은 물론 모든 종교의 교리를 통합하려 한 이유는 무엇일까요? '앞으로는 그 일부만 가지고는 널리 세상을 구원하지 못할 것이므로' 라는 대목이 그 답이 될 것입니다. 과거에는 가능했을지 몰라도 '앞으로'의 세상에서는 통합된 사상과 종교로 종합적 대응을 해야 세상을 널리 구원할 수 있다고 보신 것입니다. 바로 그런 시대에 맞춰 소태산 대종사님이 출현하셨고 그런 가르침을 펴기 위해 원불교라는 새로운 교법을 낸 것입니다.
"수양·연구·취사의 일원화一圓化'로 종교 간의 경계를 넘어 교리를 통합하고, '영육쌍전'으로 '수도와 생활이 둘이 아닌"-「영육쌍전법」 '새 세상의 종교'로, '이사병행'으로 공부와 일 이 둘이 아닌 생활 종교를 지향한 것입니다.

누구든지 이대로 잘 공부한다면 다만 삼교의 종지를 일관할 뿐 아니라
세계 모든 종교의 교리며 천하의 모든 법이 다 한 마음에 돌아와서
능히 사통오달의 큰 도를 얻게 되리라.

이 대목에서 우리는 자신이 새로 내놓은 교법에 대한 소태산 대종사님의 자신감을 읽을 수 있습니다. '누구든지 이대로' 공부만 잘한다면 '세계 모든 종교의 교리'와 '천하의 모

든 법'을 '한 마음'에 통달할 수 있는 높은 경지에 이를 수 있다는 확언을 하고 있기 때문입니다.

『정전』「솔성요론」 2조 '열 사람의 법을 응하여 제일 좋은 법으로 믿을 것이요' 라는 내용이나, 「교법의 총설」에서 '우리는 우주 만유의 본원이요, 제불제성의 심인(心印)인 법신불 일원상을 신앙의 대상과 수행의 표본으로 모시고, 천지·부모·동포·법률의 사은(四恩)과 수양·연구·취사의 삼학(三學)으로써 신앙과 수행의 강령을 정하였으며, 모든 종교의 교지(敎旨)도 이를 통합 활용하여 광대하고 원만한 종교의 신자가 되자는 것이니라.' 라고 설한 내용이 모두 같은 맥락의 법문입니다.

나의 마음공부

• 소태산 대종사님이 출현하신 시대적 배경은 무엇일까요?

• 유 · 불 · 선儒佛仙 삼교三敎를 비롯한 여러 진리적 종교의 목적은 같을까요?

• 유 · 불 · 선, 기독교, 이슬람교 등 종교들의 기본적인 교리를 파악하고 있나요?

• 타 종교에 대한 마음의 장벽이 있나요? 그 이유는 무엇인가요?

• 원불교를 공부하면서 '사통오달의 큰 도'를 체험하고 있나요?

2

한 제자 여쭙기를
[어떠한 것을 큰 도라 이르나이까.]
대종사 말씀하시기를
[천하 사람이 다 행할 수 있는 것은 천하의 큰 도요,
적은 수만 행할 수 있는 것은 작은 도라 이르나니,
그러므로 우리의 일원 종지와 사은 사요 삼학 팔조는
온 천하 사람이 다 알아야 하고 다 실행할 수 있으므로
천하의 큰 도가 되나니라.]

『대종경』「교의품」2장

- **일원 一圓** : 원불교에서 우주의 근본이 되는 진리를 상징한 말.
- **종지 宗旨** : 한 종교나 종파의 중심이 되는 가르침.
- **사은 四恩 사요 四要** : 원불교 신앙 강령. 사은 – 천지은, 부모은, 동포은, 법률은. 사요 – 자력양성, 지자본위, 타자녀교육, 공도자숭배.
- **삼학 三學 팔조 八條** : 원불교 수행 강령. 삼학 – 정신수양 精神修養, 사리연구 事理研究, 작업취사 作業取捨. 팔조 – 신信·분忿·의疑·성誠(진행사조 進行四條)·불신 不信·탐욕 貪慾·나懶·우愚(사연사조 捨捐四條).

천하의 큰 도 | 풀이 |

한 제자 여쭙기를
[어떠한 것을 큰 도라 이르나이까.]
대종사 말씀하시기를
[천하 사람이 다 행할 수 있는 것은 천하의 큰 도요,
적은 수만 행할 수 있는 것은 작은 도라 이르나니,

「교의품」 1장에서 '사통오달의 큰 도' 라고 하는 소태산 대종사님 말씀에 대해서
제자가 질문합니다. 무엇이 '큰 도' 인지.
대종사님이 말씀하시는 '큰 도' 와 '작은 도' 의 기준은
얼마나 많은 사람이 그 길로 잘 다닐 수 있느냐에 있는 것이죠.
여기에서 도(道)란 '길' 이니 공부길과 인생길이고, 신앙길과 수행길입니다.

대종사님은 제불제성(諸佛諸聖)들께서 이미 낸 길을 모두 합쳐서
더 넓고 바른길, 바르고 안전하고 빠른 길을 새로 내신 것입니다.

그러므로 우리의 일원 종지와 사은 사요 삼학 팔조는
온 천하 사람이 다 알아야 하고 다 실행할 수 있으므로
천하의 큰 도가 되나니라.]

부처와 성현들은 누구나 갈 수 있는, 마땅히 가야 할 길을 알려주십니다.
소태산 대종사님은 그 길을 일원(○), 사은사요, 삼학팔조로 표현해주셨습니다.
'온 천하 사람이 다 알아야 하고 다 실행할 수 있는' 길!

이 길이 정말 그런 길인지는 사은사요, 삼학팔조의 내용에 대해서

차분히 공부하고 실행해보면서 체험해야 실감할 수 있습니다.

「서품」 3장에서 [불법은 천하의 큰 도라 참된 성품의 원리를 밝히고 생사의 큰일을 해결하며 인과의 이치를 드러내고 수행의 길을 갖추어서 능히 모든 교법에 뛰어난바 있나니라.] 라고 설한 내용과 맥을 같이 합니다. '일원의 종지', '사은사요', '삼학팔조' 가 바로 이런 내용들을 체계적으로 밝힌 교리입니다.

나의 마음공부

- 내가 걷고 있는 '인생길' (신앙길)은 어떤 길인가요?

- 나는 어떤 '공부길' (수행길)을 걷고 있나요?

- 걷고 있는 이 길의 목적지가 어딘지를 알고 있나요?

- 원불교라는 길道이 '천하의 큰 도' 라고 느끼고 있나요?
  어떤 점을 그렇게 느끼고 있나요?

3

광전光田이 여쭙기를
[일원상과 인간과의 관계가 어떠하오니까.]
대종사 말씀하시기를
[네가 큰 진리를 물었도다.
우리 회상에서 일원상을 모시는 것은 과거 불가에서 불상을 모시는 것과 같으나,
불상은 부처님의 형체形體를 나타낸 것이요,
일원상은 부처님의 심체心體를 나타낸 것이므로,
형체라 하는 것은 한 인형에 불과한 것이요,
심체라 하는 것은 광대무량하여 능히 유와 무를 총섭하고 삼세를 관통하였나니,
곧 천지 만물의 본원이며 언어도단의 입정처入定處라,

유가에서는 이를 일러 태극太極 혹은 무극無極이라 하고,
선가에서는 이를 일러 자연 혹은 도라 하고,
불가에서는 이를 일러 청정 법신불이라 하였으나,
원리에 있어서는 모두 같은 바로서
비록 어떠한 방면 어떠한 길을 통한다 할지라도
최후 구경에 들어가서는 다 이 일원의 진리에 돌아가나니,

만일 종교라 이름하여 이러한 진리에 근원을 세운 바가 없다면
그것은 곧 사도邪道라,
그러므로 우리 회상에서는 이 일원상의 진리로써
우리의 현실 생활과 연락시키는 표준을 삼았으며,
또는 신앙과 수행의 두 문을 밝히었나니라.]

『대종경』「교의품」 3장

- **일원상 一圓相** : 일원상(○)은 원불교에서 본 우주와 인생의 궁극적 진리의 상징으로서, 이를 '일원상의 진리' 또는 '법신불 일원상'이라 하여, 최고의 종지宗旨로 삼아 신앙의 대상과 수행의 표본으로 모신다. 일원상은 교조 소태산 대종사의 대각 大覺에 의해 밝혀진 '일원상 진리'의 상징이다. 이는 『대종경』 서품 1장에 소태산 자신이 20여 년간의 구도 끝에 도달한 대각의 심경으로서, "만유가 한 체성이며 만법이 한 근원이로다. 이 가운데 생멸 없는 도와 인과보응되는 이치가 서로 바탕하여 한 두렷한 기틀을 지었도다"라고 선포한 대각 제일성에도 그대로 드러나 있다.
- **태극 太極** : 동양철학에서 우주만물의 근원인 궁극적 실체實體를 표현. 사전적 의미로 태 太는 크다는 뜻으로 크고 지극함, 극極은 매우 높고 요원함을 의미한다. 곧 태극은 만물의 근원, 근본 등을 나타내는 것으로 천지 생성 이전의 궁극적 본원을 말하며 우주 만물이 생성 변화하는 원리라는 의미를 내포하고 있다. 태극의 개념은 송대 주돈이 周敦頤에 의해 우주의 궁극적 존재 근원으로 언명되면서부터 우주론의 중요한 철학 범주로 자리 잡게 되었다.
- **무극 無極** : 시간과 공간의 제약을 넘어선 절대적 존재라는 의미를 지닌 표현으로써 유가, 도가의 중요한 철학적 개념. 무극은 노자 『도덕경 道德經』 제28장에서 "참된 덕은 어긋남이 없어 무극에 돌아간다(常德不忒 復歸於無極)"라고 한 데서 최초로 나타난다. 여기에서 무극은 만물이 돌아가야 하는 근본적 도라는 의미로 사용되고 있다. 장자 莊子 『남화경 南華經』 재유 在宥편에서도 "무궁의 문에 들어가 무극에 돌아간다(入無窮之門 以遊無窮之也)" 등이 보이는데 이는 무위자연한 도의 세계를 표현하기 위해 사용된 개념이다.

일원상과 인간과의 관계 | 풀이 |

광전光田이 여쭙기를
[일원상과 인간과의 관계가 어떠하오니까.]

사람(석가모니)의 형상을 한 불상을 모시던 오랜 전통을 깨고
동그라미(○, 일원상, 一圓相)를 불단에 모시고
신앙의 대상으로 삼았으니 이런 물음이 나오는 것이 당연합니다.
과거 종교에서는 볼 수 없었던 새로운 종교적 상징의 출현입니다.
수천 년을 이어온 불교 전통에서 보자면 불상을 모시지 않는 행위는
불경스럽다고 오해할 만한 일대 혁신적 시도였을 것입니다.

대종사 말씀하시기를
[네가 큰 진리를 물었도다.
우리 회상에서 일원상을 모시는 것은 과거 불가에서 불상을 모시는 것과 같으나,
불상은 부처님의 형체形體를 나타낸 것이요,
일원상은 부처님의 심체心體를 나타낸 것이므로,

'불상佛像'은 석가모니를 형상화해서 신앙의 대상으로 삼은 것이라면 '일원상'은 진리 그 자체를 상징화했다고 설명하십니다. 이 법문만이 아니라 『대종경』 「교의품」 의 상당 부분이 왜 일원상을 모셨는지에 대한 설명에 할애되고 있습니다. 그만큼 '일원상' 을 이해하고 신앙의 대상과 수행의 표준으로 '일원상'을 모시는 의미를 이해하는 것이 새로운 회상을 연 소태산 대종사의 본의를 이해하는 핵심이 된다고 할 수 있습니다.
불상이라는 겉모습이 아니라 부처님의 마음에 더 가깝게 다가가기 위해서 불상이라는 방편을 일원상으로 바꾼 것이 대종사님의 의도라고 할 수 있습니다.

형체라 하는 것은 한 인형에 불과한 것이요,
심체라 하는 것은 광대무량하여 능히 유와 무를 총섭하고 삼세를 관통하였나니,
곧 천지 만물의 본원이며 언어도단의 입정처入定處라,

소태산 대종사님이 신앙의 대상으로 삼고 싶은 진리는 '광대무량하여 능히 유와 무를 총섭하고 삼세를 관통'하는 '천지 만물의 본원'이며 '언어도단의 입정처入定處'라고 할 '진리'입니다.
이와 같은 진리를 믿고 수행하는 데는 석가모니 부처님의 형체를 형상화한 불상이 오히려 방해가 된다고 판단하신 듯합니다. '석가모니 부처님의 형체'를 믿을 것이 아니라 '석가모니 부처님이 깨달은 진리'로 직진하라는 의도겠지요.

유가에서는 이를 일러 태극太極 혹은 무극無極이라 하고,
선가에서는 이를 일러 자연 혹은 도라 하고,
불가에서는 이를 일러 청정 법신불이라 하였으나,
원리에 있어서는 모두 같은 바로서
비록 어떠한 방면 어떠한 길을 통한다 할지라도
최후 구경에 들어가서는 다 이 일원의 진리에 돌아가나니,

거짓된 종교가 아니라 진리에 바탕한 종교라면 그 진리의 표현은 여러 가지로 다를 수 있지만 결국은 그 궁극적 진리는 하나라고 보신 것이고 이것을 '일원의 진리'라고 칭한 것입니다. 태극, 무극, 자연, 도, 청정 법신불 등을 아우르는 '일원'이라는 추상적 상징을 통해서 바로 진리에 다가가도록 한 혁명적 시도라고 할 수 있습니다. '하나의 우주'에는 '하나의 진리'가 있을 수밖에 없고 종교마다 서로 다른 표현을 하고 있어도 그 근본이 되는 진리는 같을 수밖에 없습니다. '일원', '일원상'이란 무색무취한 새로운 표상을 통해서 각 종교의 전통과 상징에 의해 궁극적 진리에 다가가기 어렵거나 각 종교 간의 소통이 어려워진 점을 극복하고자 하신 것 같습니다.

만일 종교라 이름하여 이러한 진리에 근원을 세운 바가 없다면
그것은 곧 사도(邪道)라,
그러므로 우리 회상에서는 이 일원상의 진리로써
우리의 현실 생활과 연락시키는 표준을 삼았으며,
또는 신앙과 수행의 두 문을 밝히었나니라.]

소태산 대종사님은 경전 곳곳에서 '진리'를 다양하게 설명하고 있습니다. 결코 막연하고 신비로운 것으로만 놔두지 않습니다. 자칫하면 종교의 이름으로 사람들을 삿된 길로 인도할 수 있기 때문입니다. 원불교에서는 이 일원상의 '진리'를 '현실 생활'과 연계시키고 있습니다. 원불교가 '생활불교'이고 '생활종교'인 이유입니다. 진리가 신앙의 대상이 되고 수행의 표준이 되어 우리 모두의 생활 속에서 활용되어야 한다는 현실적이고 실용적인 대종사님의 관점이 드러나는 내용입니다.

나의 마음공부

- '불상'과 '일원상' 중에 어느 쪽이 더 친근하게 느껴지나요?

- '부처님', '하나님', '하느님', '도'와 같은 다양한 신앙 대상의 호칭을 접할 때 어떤 느낌이 드나요?

- 내가 생각하는 '진리'를 간단하게 설명해 봅니다.

- 내가 생각하는 '사이비 종교'의 판단 기준은 무엇인가요?

- 내가 신앙하는 진리가 내 생활에 어떤 영향을 미치고 있나요?

4

또 여쭙기를
[일원상의 신앙은 어떻게 하나이까.]
대종사 말씀하시기를
[일원상을 신앙의 대상으로 하고 그 진리를 믿어 복락을 구하나니,
일원상의 내역을 말하자면 곧 사은이요,
사은의 내역을 말하자면 곧 우주 만유로서
천지 만물 허공 법계가 다 부처 아님이 없나니,
우리는 어느 때 어느 곳이든지 항상 경외심을 놓지 말고
존엄하신 부처님을 대하는 청정한 마음과 경건한 태도로 천만 사물에 응할 것이며,
천만 사물의 당처에 직접 불공하기를 힘써서 현실적으로 복락을 장만할지니,
이를 몰아 말하자면
편협한 신앙을 돌려 원만한 신앙을 만들며,
미신적 신앙을 돌려 사실적 신앙을 하게 한 것이니라.]

『대종경』「교의품」4장

- 법계 法界 : 싼스끄리뜨 다르마다뚜(dharma-dhatu)를 번역한 용어. 현상 세계의 근본이 되는 형상이 없는 진리의 세계. 본체계 또는 허공법계라고도 한다.
- 불공 佛供 : 불교적 의미로 '부처님께 헌공하는 공물'이라는 뜻이며, '불전공양'의 준말. 부처님 재세 시에 제자들이 부처님께 공경하여 수용품이나 음식·꽃·향 등을 바치는 의식을 말하며, 불멸후에는 불상 앞에 공양하는 것을 의미한다. 이와 같이 불공이란 부처님의 가피를 얻기 위해 정신·육신·물질로 불전에 정성을 바치는 일이라 말할 수 있다. 원불교에서 말하는 불공의 의미는 직접 법신불전에 서약하고 기도하는 기도형식의 불공뿐만이 아니라, 보은·작복하는 실천적 신앙생활까지를 망라한 광범위한 의미가 있다. 곧 원불교 불공의 의미는 법신불의 은혜와 위력을 얻기 위한 진리적 소원성취뿐만 아니라, 정신·육신·물질로 현실 세상에 유익함을 끼치는 것까지도 폭넓게 망라한 신앙 행위를 포함한 개념이다. 소태산 대종사의 불공관은 처처불상·사사불공으로 대표된다. 이러한 원불교의 불공법은 진리불공과 실지불공으로 요약된다.
- 내역 內譯 : 물품이나 금액 따위의 내용. 명세 明細.

일원상의 신앙 | 풀이 |

또 여쭙기를
[일원상의 신앙은 어떻게 하나이까.]
대종사 말씀하시기를
[일원상을 신앙의 대상으로 하고 그 진리를 믿어 복락을 구하나니,

'일원상'이란 '한 둥근 모양'이란 뜻이죠.
그래서 '일원상을 신앙의 대상'으로 한다고 해도
그 둥그런 모양, 형상 자체가 어떤 위력을 가진 것은 아닙니다.
그 '일원상'이 상징하고 의미하는 '그 진리'를 '믿어', '복락을 구'하는 것입니다.

'그 진리'는 『정전』과 『대종경』 등 여러 곳에서 설명되고 있죠.
대표적으로는 「일원상의 진리」이고,
「서품」에서는 '생멸 없는 도와 인과보응되는 이치'로 표현되고 있습니다.
'일원상'은 '그 진리'의 의미를 생각하게 하는 방편의 하나입니다.
그렇지 않다면 기하학적으로 흔한 도형의 하나일 뿐입니다.
'진리'에 대한 인식, 깨달음 정도에 따라 일원상을 받아들이는 태도가
다를 수밖에 없습니다.
'복락'을 구하는 데도 차이가 있을 수밖에 없습니다.
아는 만큼, 깨달은 만큼, 체 받아 실행하는 만큼 다를 수밖에 없습니다.

일원상의 내역을 말하자면 곧 사은이요,
사은의 내역을 말하자면 곧 우주 만유로서
천지 만물 허공 법계가 다 부처 아님이 없나니,

교의품

'내역內譯' 이란 '자세한 내용' 입니다.
'일원상' 의 내용은 사은 즉, 천지은 · 부모은 · 동포은 · 법률은이고
또다시 그 '사은' 의 내용은 '곧, 우주 만유' 라고 하십니다.
'천지 만물 허공 법계' 란 '우주 만유' 의 동어반복인 셈입니다.

바꿔서 표현하자면,
'천지 만물 허공 법계' 가 '우주 만유' 이고,
'우주 만유' 가 '사은' 이고,
'사은' 이 '일원상' 인 것입니다.

'일원상' 은 '우주' 를 의미하는 것이니
'원불교' 는 '우주' 를 믿는 '우주교' 인 셈입니다.

진리도 다른 데 있는 것이 아니라
'우주를 관통하여 두루 있는 신령한 진리' 인 것이고,
'불생불멸 인과보응' 의 이치도 마찬가지입니다.
'일원상의 진리' 는 그냥 '우주의 진리' 인 것입니다.

'다 부처' 라고 하시니,
'천지 만물 허공 법계' 도 '부처' 요,
'우주 만유' 도 '부처' 요,
'사은' 도 '부처' 요,
'일원상' 도 '부처' 인 것입니다.
'부처' 라는 말, 표현, 쓰임새에 감을 잘 잡아야 합니다.

소태산 대종사님은 '다 부처' 라는 의미를
'처처불상處處佛像' 으로 표현해주셨습니다.

우리는 어느 때 어느 곳이든지 항상 경외심을 놓지 말고
존엄하신 부처님을 대하는 청정한 마음과 경건한 태도로 천만 사물에 응할 것이며,

대종사님은 원불교 신앙의 방법에 관해 설명해주십니다.
앞에서 배운 바와 같이 우주만유가 모두 다 부처이니
'경외심', '청정한 마음', '경건한 태도'를 놓을 수가 없죠.
'어느 때 어느 곳이든지' 부처님이 우리 곁에 계시기 때문입니다.
특별한 대상에게만, 특별한 장소에서만
'경외심', '청정한 마음', '경건한 태도'를 갖는 것이 아닙니다.
'나'도 '너'도 '모두 다' 부처이기 때문입니다.
늘 마음을 챙겨야 하는 이유입니다.

천만 사물의 당처에 직접 불공하기를 힘써서 현실적으로 복락을 장만할지니,

'불공'도 마찬가지입니다. 사방에 모두 '다 부처'이니
그 모든 부처님에게 불공을 해야 마땅한 것이죠.
그리고 그 당처, 당처의 '천만 사물'이 '다 부처'이시니
곳곳의 부처에게 불공을 해서 '현실적으로 복락'을 얻으라고 하십니다.
너무나 '사실적'인 가르침입니다.
소태산 대종사님은 이를 '사사불공事事佛供'이라고 하셨습니다.

우물에 가서 숭늉 찾지 말라는 속담과 같이
구해야 할 곳에 공을 들여서 복락을 장만하라는 가르침입니다.

이를 몰아 말하자면
편협한 신앙을 돌려 원만한 신앙을 만들며,
미신적 신앙을 돌려 사실적 신앙을 하게 한 것이니라.]

특정한 존재만이 아니라 모두 '다 부처' 라는 가르침이
'처처불상' 이고 '원만한 신앙' 입니다.
모든 것은 불상에만 빌고 구하는 신앙이 아니라
구해야 할 '당처' 에 '직접 불공' 하라는 가르침이
'사사불공' 이고, '사실적 신앙' 입니다.

소태산 대종사님은 원만하고 사실적인 삶을 원하셨습니다.
신앙도 수행도 마찬가지입니다.
원만하고 사실적인 신앙·수행으로 인도하기 위해 새로운 교법을 펴신 것입니다.

나의 마음공부

• 내 운명, 내 삶의 행복과 불행을 좌우하는 존재는 무엇일까요?

• 내가 믿고 있는 사실들과 신앙의 대상과는 무엇이 다른가요?

• 나는 얼마나 편협하지 않은 '원만한 신앙'을 하나요?

• 나는 얼마나 미신적이지 않고 '사실적인 신앙'을 하나요?

• 이런 신앙이 내 실생활에 어떤 영향을 미치고 있나요?

5

또 여쭙기를
[일원상의 수행은 어떻게 하나이까.]
대종사 말씀하시기를
[일원상을 수행의 표본으로 하고
그 진리를 체 받아서 자기의 인격을 양성하나니
일원상의 진리를 깨달아
천지 만물의 시종 본말과 인간의 생·로·병·사와 인과보응의 이치를
걸림 없이 알자는 것이며,

또는 일원과 같이 마음 가운데에 아무 사심私心이 없고
애욕과 탐착에 기울고 굽히는 바가 없이
항상 두렷한 성품 자리를 양성하자는 것이며,

또는 일원과 같이 모든 경계를 대하여 마음을 쓸 때
희·로·애·락과 원·근·친·소에 끌리지 아니하고
모든 일을 오직 바르고 공변되게 처리하자는 것이니,

일원의 원리를 깨닫는 것은 견성見性이요,
일원의 체성을 지키는 것은 양성養性이요,
일원과 같이 원만한 실행을 하는 것은 솔성率性인 바,
우리 공부의 요도인 정신 수양·사리 연구·작업 취사도 이것이요,

옛날 부처님의 말씀하신 계·정·혜戒定慧 삼학도 이것으로서,
수양은 정이며 양성이요, 연구는 혜며 견성이요, 취사는 계며 솔성이라,
이 공부를 지성으로 하면
학식 있고 없는 데에도 관계가 없으며
총명 있고 없는 데에도 관계가 없으며
남녀 노소를 막론하고 다 성불함을 얻으리라.]

『대종경』「교의품」 5장

- **견성 見性** : 성품을 본다는 의미 또는 도를 깨닫는다는 말로 오도悟道라고도 한다. 견성이란 자각이라고도 하는데, 이 말은 본래 가지고 있는 자기의 본성을 깨달아 보는 것, 참 자기를 알게 되는 것, 깨달음이 열리는 것이란 뜻이다. 흔히 불교 선종에서 말하는 불립문자 不立文字·교외별전 敎外別傳·직지인심 直指人心·견성성불 見性成佛에서 견성을 말한다.
- **양성 養性** : 자신의 본래 성품을 잘 발현할 수 있도록 가꾸고 기르는 일. 사람의 본래 성품은 일원상과 같이 원만구족하고 지공무사한데 지혜가 어둡고 물욕에 사로잡혀서 발현되지 못하게 되므로 지혜를 밝히고 욕심을 제거하면 본래의 성품이 저절로 드러나게 되며, 그러한 노력을 수행이라 한다. 원불교의 수행은 삼학수행 三學修行이며, 삼학 중에 정신수양을 양성, 사리연구를 견성, 작업취사를 솔성이라고 달리 표현하기도 한다.
- **솔성 率性** : 천성을 좇음. 천도 天道에 순응하고, 나아가 천도를 자유자재로 활용하는 것.『중용』에서는 '천명지위성 솔성지위도 수도지위교 天命之謂性率性之謂道修道之謂敎'라고 하여 솔성에 대해 말하고 있다. 솔성은 곧 천지의 명한 바에 순응하고 따르는 것을 의미한다. 원불교에서 솔성은 모든 사람에게 본래 갖추어진 일원상의 진리 곧 불성(본성)을 회복하여 그것을 일상생활 속에서 잘 활용해 가는 것이다. 일원상의 진리와 같이 원만구족하고 지공무사한 본래 성품을 잘 사용하는 것.
- **체(를) 받다** : 문장, 그림, 글씨 따위의 체를 본받다.
- **공변 公遍** : 공평하고 정당하여 사사로움이나 어느 한편에 치우침이 없음. 공사 公私와 정사 正邪를 대조할 줄 알고 친소와 원근에 끌리지 아니하는 마음이다.
- **원근친소 遠近親疎** ; '멀고 가깝고, 친밀하고 친밀하지 못한' 사이를 의미하며 주로 인간관계를 나타낼 때 사용한다.

일원상의 수행　|풀이|

또 여쭙기를
[일원상의 수행은 어떻게 하나이까.]
대종사 말씀하시기를
[일원상을 수행의 표본으로 하고
그 진리를 체 받아서 자기의 인격을 양성하나니

원불교는 일원상(○, 一圓相)을 신앙의 대상과 수행의 표본으로 삼았습니다.
따라서 '일원상의 수행을 어떻게 하냐?' 는 물음은
'원불교의 수행을 어떻게 하냐?' 라는 물음과 같습니다.
바로 앞의 「교의품」 4장에서 신앙에 대해서 대종사님이
'일원상을 신앙의 대상으로 하고 그 진리를 믿어 복락을 구하나니' 라고 답했다면,
여기 「교의품」 5장에서는 수행에 대해서 '일원상을 수행의 표본으로 하고 그 진리를
체 받아서 자기의 인격을 양성' 한다고 답하십니다.

유념해야 할 것은 '일원상(○, 一圓相)' 을 '신앙의 대상' 으로 삼지만 일원상 그 자체를 믿어서 복락을 구하는 것이 아니라, 일원상이 상징하고 의미하는 '그 진리를 믿어' 복락을 구한다는 가르침입니다.
'일원상(○, 一圓相)' 을 '수행의 표본' 으로 삼지만 일원상 그 자체를 수행하는 것이 아니라, 일원상이 상징하고 의미하는 '그 진리를 체 받아서' 자기의 인격을 양성하는 것이라는 가르침입니다.

신앙은 일원상이 의미하는 '그 진리' 를 '믿어' 서 '복락을 구하' 는 것이고,
수행은 일원상이 의미하는 '그 진리' 를 '체 받아서' '자기의 인격을 양성하' 는 것입니다.
이렇게 본다면 원불교의 신앙은 진리 신앙이고, 수행은 진리 수행인 것입니다.

신앙이나 수행이나 '진리'를 알지 못하면 불가능한 논리구조를 가지고 있습니다.
특히 수행은 그 진리를 '체 받아서' 자신의 인격 변화를 해내야 하니 신앙과는 또 다른 과제라고 할 수 있습니다. 그림이나 글씨를 배울 때 지도인의 작품을 체본으로 삼아 연습하는 것과 같이 '진리'를 스승 삼아서 닮아가고 인격을 양성하려고 부단히 노력해야 합니다.

원불교는 신앙과 수행을 함께 중시합니다. 믿음만으로는 부족합니다. 진리를 깨달아 내면화하고 자신의 인격을 향상하려는 노력을 지속해야 합니다. 세월이 갈수록 인격의 완성도가 높아지는 사람이 원불교의 수행을 잘하는 사람이라고 할 수 있습니다.

이어서 일원상의 수행을 삼학三學의 관점에서 설명하십니다.

일원상의 진리를 깨달아 천지 만물의 시종 본말과 인간의 생·로·병·사와 인과보응의 이치를 걸림 없이 알자는 것이며,

깨달음의 대상이 우주 자연에 관한 이치까지를 포함한 모든 것임을 알 수 있습니다.
'걸림 없이 알자'는 표현은 이무애理無碍 사무애事無碍의 경지를 떠올리게 합니다.

또는 일원과 같이 마음 가운데에 아무 사심私心이 없고
애욕과 탐착에 기울고 굽히는 바가 없이 항상 두렷한 성품 자리를 양성하자는 것이며,

일원상의 진리를 깨달았다고 하더라도
이와같이 '항상 두렷한 성품 자리를 양성' 하지 못하면
실생활에서 깨달음의 공덕을 발휘할 수 없습니다.
운동선수가 기본적인 체력을 갖춰야 기술을 발휘할 수 있는 것과 같습니다.

또는 일원과 같이 모든 경계를 대하여 마음을 쓸 때
희·로·애·락과 원·근·친·소에 끌리지 아니하고
모든 일을 오직 바르고 공변되게 처리하자는 것이니,

수행의 진가는 경계를 대해서 마음을 쓸 때 나타납니다.
진리를 깨닫고, 인격을 양성했다고 해도 경계를 대했을 때 마음을 바르지 못하게 쓰면
수행의 과정이 아깝습니다.
마음공부의 실력은 경계를 대해서 마음을 쓸 때 발휘됩니다.
희·로·애·락이란 감정과 원·근·친·소라는 이해관계에 끌리지 않아야
마음도 바르게 쓰이고 일도 바르게 진행됩니다.
소태산 대종사님의 생활 불교, 생활 종교의 관점이 잘 드러나는 법문입니다.

일원의 원리를 깨닫는 것은 견성見性이요,
일원의 체성을 지키는 것은 양성養性이요,
일원과 같이 원만한 실행을 하는 것은 솔성率性인 바,
우리 공부의 요도인 정신 수양·사리 연구·작업 취사도 이것이요,
옛날 부처님의 말씀하신 계·정·혜戒定慧 삼학도 이것으로서,
수양은 정이며 양성이요, 연구는 혜며 견성이요, 취사는 계며 솔성이라,

일원의 원리를 깨닫는 것 = 견성見性 = 혜慧 = 사리연구
일원의 체성을 지키는 것 = 양성養性 = 정定 = 정신수양
일원과 같이 원만한 실행을 하는 것 = 솔성率性 = 계戒 = 작업취사
이렇게 요약할 수 있습니다.

이 공부를 지성으로 하면
학식 있고 없는 데에도 관계가 없으며 총명 있고 없는 데에도 관계가 없으며
남녀노소를 막론하고 다 성불함을 얻으리라.]

소태산 대종사님이 불법을 혁신한 자신의 교법을
'천하 사람이 다 행할 수 있는' '천하의 큰 도'라고 일컫는 이유입니다.
지성으로 공부하면 누구나 다 성불할 수 있다고 확언하십니다.

나의 마음공부

• 나 자신의 인격 완성을 위해 어떤 노력을 어떻게 하고 있나요?

• 내 인격을 평가하는 기준은 무엇인가요?

• 나는 견성을 위해 어떤 노력을 하고 있나요?

• 나는 양성을 위해 어떤 노력을 하고 있나요?

• 나는 솔성을 위해 어떤 노력을 하고 있나요?

• 어떻게 해야 원만하고 균형 잡힌 인격을 기를 수 있을까요?

또 여쭙기를
[그러하오면 도형圖形으로 그려진 저 일원상 자체에
그러한 진리와 위력과 공부법이 그대로 갊아 있다는 것이오니까.]
대종사 말씀하시기를
[저 원상은 참 일원을 알리기 위한 한 표본이라,
비하건대 손가락으로 달을 가리킴에 손가락이 참 달은 아닌 것과 같나니라.
그런즉 공부하는 사람은 마땅히
저 표본의 일원상으로 인하여 참 일원을 발견하여야 할 것이며,
일원의 참된 성품을 지키고,
일원의 원만한 마음을 실행하여야
일원상의 진리와 우리의 생활이 완전히 합치되리라.]

『대종경』「교의품」6장

손가락으로 달을 가리킴 | 풀이 |

또 여쭙기를
[그러하오면 도형圖形으로 그려진 저 일원상 자체에
그러한 진리와 위력과 공부법이 그대로 갋아 있다는 것이오니까.]

불상佛像 숭배로 인한 오해나 집착에서 벗어나기 위해 일원상을 모셨지만
일원상一圓相 숭배로 인한 오해나 집착에서도 당연히 벗어나야 합니다.
불상이나 일원상 그 자체는 죄복을 좌우하는 사실적 권능이 없습니다.

대종사 말씀하시기를
[저 원상은 참 일원을 알리기 위한 한 표본이라,
비하건대 손가락으로 달을 가리킴에 손가락이 참 달은 아닌 것과 같나니라.

도형으로 그려진 일원상 자체는 그저 한 유형의 상징일 뿐임을 상기시켜주십니다.
'손가락'이 가리키는 곳을 잘 봐야 '참 달'을 볼 수 있듯이
'일원상'이 의미하는 것을 잘 봐야 '참 일원', '진리'를 볼 수 있습니다.

그런즉 공부하는 사람은 마땅히
저 표본의 일원상으로 인하여 참 일원을 발견하여야 할 것이며,
일원의 참된 성품을 지키고,
일원의 원만한 마음을 실행하여야
일원상의 진리와 우리의 생활이 완전히 합치되리라.]

생활 속에서 일원상을 늘 가깝게 보고 마음으로 모셔야
견성, 양성, 솔성을 할 수 있습니다.

교의품

'참 일원을 발견' 하는 것은 견성,
'일원의 참된 성품을 지키' 는 것은 양성,
'일원의 원만한 마음을 실행하' 는 것은 솔성에 해당합니다.
이 세 가지 공부, 삼학을 병진해야 비로소
'진리' 와 '생활' 이 '완전히 합치' 된다고 설하십니다.
그래야 비로소 불상 대신 일원상을 모신 공덕이 있게 됩니다.
생활 속에서 삼학 수행을 하자는 대종사님의 지론을 확인할 수 있는 법문입니다.

'진리' 에 다가가기 위해서 '불상' 을 멀리하고,
'일원상' 을 모셨지만 거기에 그치지 말고 '참 일원을 발견' 해야겠습니다.
그래야 소태산 대종사님이 신앙의 대상을 혁신한 의도를 살릴 수 있을 것입니다.

나의 마음공부

- '일원상'을 대할 때마다 드는 첫 번째 느낌이나 생각은 무엇인가요?

- '일원상'이 신앙의 대상으로 잘 느껴지나요?

- '일원상'이 수행의 표본으로 잘 느껴지나요?

- 이 법문에 의하면 '일원상'을 볼 때마다 어떤 마음을 챙겨야 할까요?

7

대종사 말씀하시기를
[일원의 진리를 요약하여 말하자면 곧 공空과 원圓과 정正이니,

양성에 있어서는
유무 초월한 자리를 관하는 것이 공이요,
마음의 거래 없는 것이 원이요, 마음이 기울어지지 않는 것이 정이며,

견성에 있어서는 일원의 진리가 철저하여
언어의 도가 끊어지고 심행처가 없는 자리를 아는 것이 공이요,
지량知量이 광대하여 막힘이 없는 것이 원이요,
아는 것이 적실하여 모든 사물을 바르게 보고 바르게 판단하는 것이 정이며,

솔성에 있어서는
모든 일에 무념행을 하는 것이 공이요,
모든 일에 무착행을 하는 것이 원이요,
모든 일에 중도행을 하는 것이 정이니라.]

『대종경』「교의품」7장

- **심행처 心行處** : 마음이 향하여 가고 머무는 곳. 사량 분별·시비 장단 등 마음의 작용(心行)을 뜻한다.
- **무념행 無念行** : 마음에 관념과 상이 없이 은혜를 베푸는 행위. 사량계교심이나 분별시비심이 없이 허공과 같이 텅 빈 흔적 없는 마음으로 행하는 불보살의 착 없는 행동. 천지 작용의 특징으로 천지는 조금도 틀림없이 소소영령하게 보응하나 응용에 무념하다. 천지의 응용무념한 도를 체 받아 마음을 허공 같이 비워 청정한 본성 그대로 행함.
- **무착행 無着行** : 어떠한 것에 대해서도 아무런 착심이나 집착이 없는 행동. 애착·탐착·집착·편착·원착 怨着없이 천만 경계 앞에서 항상 무심無心·무위 無爲로 행동하는 것. 아직 오지 않고, 이미 지나가 버린 일에 대해서는 아무런 미련도 없이, 오직 경계가 오면 무심·무작 無作으로 행동하고, 경계가 지나가면 흔적 없이 다 잊어버려서, 유有에도 집착하지 않고 무無에도 떨어지지 않는 행동.
- **중도행 中道行** : 중도를 행함. 극단에 떨어지거나 더함도 덜함도 없이 시의에 맞게 행하는 것을 말한다.

공空·원圓·정正 | 풀이 |

대종사 말씀하시기를
[일원의 진리를 요약하여 말하자면
곧 공空과 원圓과 정正이니,

몇 마디 언어로서 설명하기 어려운 진리를
'빌 공', '둥글 원', '바를 정' 세 가지로 설명하십니다.
이 설명 또한 이해를 돕기 위한 자비 방편이라고 봐야겠습니다.
양성, 견성, 솔성 공부를 할 때
공·원·정 세 가지로 공부길을 안내해주십니다.

원문 그대로를 묵상, 관조하는 것이 타당하겠으나
동어반복과 같은 풀이를 원문에 덧붙입니다.

양성에 있어서는
유무 초월한 자리를 관하는 것이 공이요,
마음의 거래 없는 것이 원이요,
마음이 기울어지지 않는 것이 정이며,

'양성'의 양養은 '기를 양'으로서
'기른다', '성장한다'의 뜻이 있습니다.
우리 자신의 성품을 기른다, 성장시킨다는 뜻입니다만,
원문을 보면 있는 그대로의 성품을 지킨다는 의미가 많습니다.

공 - '있고 없음'의 경계마저 넘어선 자유로운 경지를 지켜보는 것,

원 – 마음의 '오고 감'이 없는 자리에 머무는 것,
정 – 마음이 '기울어지지 않도록' 하는 것.
늘 마음을 이렇게 지켜야 양성 공부를 잘하는 것입니다.

견성에 있어서는
일원의 진리가 철저하여
언어의 도가 끊어지고 심행처가 없는 자리를 아는 것이 공이요,
지량知量이 광대하여 막힘이 없는 것이 원이요,
아는 것이 적실하여 모든 사물을 바르게 보고 바르게 판단하는 것이 정이며,

'견성'의 견見은 '볼 견'으로서
'본다', '터득한다'의 뜻이 있으니, 깨달음과 같은 의미입니다.
견성이란 우리 자신의 성품을 본다, 깨닫는다는 뜻입니다.
따라서 원문이 모두 앎과 깨달음에 관한 내용입니다.

공 – '언어도단言語道斷의 입정처入定處' -「일원상 서원문」를 아는 것,
원 – 이무애理無碍사무애事無碍로 일과 이치 간에 막힘 없이 아는 것,
정 – 어떤 사물이든지 바르게 보고 바르게 판단할 수 있는 것.
언제 어디서나 이렇게 해야 바르게 깨친 것입니다.

솔성에 있어서는
모든 일에 무념행을 하는 것이 공이요,
모든 일에 무착행을 하는 것이 원이요,
모든 일에 중도행을 하는 것이 정이니라.]

'솔성'의 솔率은 '거느릴 솔'로서
거느리다, 좇다, 따르다, 복종하다, 행하다 등의 뜻이 있으니
솔성이란 우리 성품에 부여된 진리를 좇아 행한다,

진리가 품부稟賦된 성품을 따른다는 뜻이 됩니다.

원문에 '행行'이 반복됩니다.
무념행無念行, 무착행無着行, 중도행中道行.

공 - 상相 없이, 관념의 틀에 묶이지 않고 행하고,
원 - 집착하는 마음 없이 행하고,
정 - 진리에 맞는 최선의 길을 행하라는 가르침입니다.
천만 경계에 응해서 이렇게 행해야 진리대로, 성품대로 사는 것입니다.

언제 어디서나 이런 마음가짐으로 살면 일원상(○)의 모양 그대로
텅 비고〈공〉,
둥글둥글하고〈원〉,
이지러짐 없이 바른〈정〉 삶을 살 수 있습니다.

나의 마음공부

• 나의 견성 공부는 어떻게 하고 있나요?

• 나의 양성 공부는 어떻게 하고 있나요?

• 나의 솔성 공부는 어떻게 하고 있나요?

- 내 마음이 언제 '공空' 한가요?

- 내 마음이 언제 '원圓' 한가요?

- 내 마음이 언제 '정正' 한가요?

8

대종사 말씀하시기를
[공부하는 사람들이 현묘한 진리를 깨치려 하는 것은
그 진리를 실생활에 활용하고자 함이니
만일 활용하지 못하고 그대로 둔다면 이는 쓸데없는 일이라,

이제 법신불 일원상을 실생활에 부합시켜 말해 주리라.
첫째는 일원상을 대할 때마다 견성 성불하는 화두話頭를 삼을 것이요,
둘째는 일상 생활에 일원상과 같이 원만하게 수행하여 나아가는 표본을 삼을 것이며,
셋째는 이 우주 만유 전체가 죄복을 직접 내려주는 사실적 권능이 있는 것을 알아서
진리적으로 믿어 나아가는 대상을 삼을 것이니,

이러한 진리를 아는 사람은
일원상을 대할 때마다 마치 부모의 사진 같이 숭배될 것이니라.]

『대종경』「교의품」8장

- **법신불 일원상 法身佛一圓相** : 법신불이 곧 일원상이라는 뜻. 법신불은 진리 그 자체, 또는 가장 근원적인 진리를 말한다. 소태산 대종사는 가장 근원적인 진리인 법신불을 하나의 둥근 원(일원상)의 상징을 통해 표현했다. 원불교에서는 이 법신불 일원상을 신앙의 대상이요 수행의 표본으로 삼고 있다.

그 진리를 실생활에 활용하고자 | 풀이 |

대종사 말씀하시기를
[공부하는 사람들이 현묘한 진리를 깨치려 하는 것은
그 진리를 실생활에 활용하고자 함이니
만일 활용하지 못하고 그대로 둔다면 이는 쓸데없는 일이라,

소태산 대종사님은
우리가 진리를 깨닫는 것도 중요하지만
깨달음의 목적은 실생활에 활용하기 위함이라는 점을 명확히 하십니다.

이제 법신불 일원상을 실생활에 부합시켜 말해 주리라.
첫째는 일원상을 대할 때마다 견성 성불하는 화두(話頭)를 삼을 것이요,
둘째는 일상 생활에 일원상과 같이 원만하게 수행하여 나아가는 표본을 삼을 것이며,
셋째는 이 우주 만유 전체가 죄복을 직접 내려주는 사실적 권능이 있는 것을 알아서
진리적으로 믿어 나아가는 대상을 삼을 것이니,

깨달은 진리를 실생활에 활용하려면 어떻게 해야 할까요?
일원상을 대할 때마다 견성 성불하는 화두로 삼고,
수행의 표본과 신앙의 대상으로 삼아야 한다고 말씀하십니다.
이렇게 하지 못하면 법신불 일원상은 그저 둥그런 도형에 머물고 말 것입니다.

이러한 진리를 아는 사람은
일원상을 대할 때마다 마치 부모의 사진 같이 숭배될 것이니라.]

우리는 부모님 사진을 무심히 바라볼 수 없습니다.

부모님이 자기 삶에 어떤 의미와 관계를 맺고 있는지 알기 때문입니다.
사진 한 장으로는 도저히 표현할 수 없는 '그 무엇'들이 상기되기 때문입니다.
신앙인들이 일원상을 대하면서 마음이 그저 맹숭맹숭하다면
아마도 일원상의 진면목을 모르는 사람일 것입니다.
일원상 앞에 설 때마다 그 느낌이 달라져야 하고
내 삶의 기준이 명확해지고
내 삶이 나아져야 할 것입니다.

일원상을 마음에 모실수록 깨달음의 길, 신앙의 길, 수행의 길이
더욱 명료해져야 합니다.

나의 마음공부

• 내가 처음 일원상을 보았을 때는 언제였나요?

• 그때 느낌은 어땠나요?

• 나는 수행인으로서 법신불 일원상을 어떻게 활용하고 있나요?

• 나는 신앙인으로서 법신불 일원상을 어떻게 활용하고 있나요?

9

한 사람이 여쭙기를
[귀교에서는 어느 부처님을 본사(本師)로 모시나이까.]
대종사 말씀하시기를
[서가모니불을 본사로 숭배하노라.]
또 여쭙기를
[서가모니불이 본사일진대 법당에 어찌 서가모니 불상을 모시지 아니하고
일원상을 모셨나이까.]
대종사 말씀하시기를
[서가모니 불상이 우리에게 죄 주고 복 주는 증거는 사실적으로 해석하여 가르치기가
어려우나,
일원상은 곧 청정 법신불을 나타낸 바로서 천지·부모·동포가 다 법신불의 화신(化身)이요,
법률도 또한 법신불의 주신 바이라
이 천지·부모·동포·법률이 우리에게 죄 주고 복 주는 증거는 얼마든지 해석하여
가르칠 수가 있으므로 일원상을 신앙의 대상으로 모신 것이니라.]
또 여쭙기를
[그러하오면 서가모니불을 본사로 모신다는 것은 말뿐이요,
특별히 숭배하는 행사는 없지 아니하나이까.]

대종사 말씀하시기를
[비록 법당에 불상을 모시지는 아니하였으나,
일반 신자들에게 부처님을 지극히 존숭하도록 신심을 인도하는 동시에
참다운 숭배는 부처님의 말씀하신 근본 정신을 존중히 받들고
또한 육근을 작용할 때에 그대로 행을 닦아서
부처님의 법통과 사업을 영원히 계승 발전시킴에 있다는 뜻을 역설하는 바인즉,
어찌 불상을 모시고 조석 예불하는 것만을 숭배라 하리요.]

『대종경』「교의품」 9장

- **본사 本師** : 근본이 되는 교사 教師. 스승. 자기가 믿는 종파의 조사 祖師.
- **삼신불 三身佛** : 대승불교에서 불신을 성질상 셋으로 나눈 법신불 法身佛 · 보신불 報身佛 · 화신불 化身佛을 말한다. 법신불은 영겁토록 변치 아니하는 만유의 본체인 이불 理佛, 보신불은 인 因에 따라 나타난 불신으로서 수행정진을 통해 얻어진 영원한 불성, 화신불은 일체중생을 제도하기 위해 불신으로 화현한 역사적 부처이다.
  관련 법문을 첨부한다. "법신불이라 함은 곧 만법의 근원인 진리불을 이름이요, 보신불과 화신불은 그 진리에서 화현한 경로를 이름인 바, 화신불 가운데에는 진리 그대로 화현한 정화신불이 있고 또는 진리 그대로 받지 못한 편화신불이 있으니, 정화신불은 곧 제불 제성을 이름이요 편화신불은 곧 일체중생을 이름인 바, 비록 지금은 중생이나 불성만은 다 같이 갖이 있으므로 편화신불이라 하나니라. 그러므로, 우리의 마음이 청정하고 바른 때에는 곧 내가 정화신불이요 삿되고 어두울 때에는 편화신불임을 알아야 할 것이니라."(『정산 종사법어』 「원리편」 5장).
  "법신불은 본연 청정하여 제법이 개공한 부처님의 자성 진체를 이름이요, 보신불은 원만한 영지로써 부처님의 자성에 반조하는 반야의 지혜를 이름이요, 화신불은 천백억 방편으로 중생을 교화하신 부처님의 분별심과 그 색신을 이름이니라"(『정산 종사법어』 「경의편」 46장).

어찌 서가모니 불상을 모시지 아니하고 | 풀이 |

한 사람이 여쭙기를
[귀교에서는 어느 부처님을 본사本師로 모시나이까.]
대종사 말씀하시기를
[서가모니불을 본사로 숭배하노라.]
또 여쭙기를
[서가모니불이 본사일진대 법당에 어찌 서가모니 불상을 모시지 아니하고
일원상을 모셨나이까.]

소태산 대종사님은 이런 질문을 수없이 받았을 것입니다.
그 당시 법당에는 당연히 모셨을 불상이 없었기 때문입니다.
누구든지 이런 의문을 가졌을 것으로 쉽게 추측됩니다.

'서가모니 불상'을 모시지는 않았으나
'서가모니불'을 가장 큰 스승으로 모신다는 점을 명확히 밝히고,
법당에 불상을 모시지 않고 일원상을 모신 이유를 설명하십니다.

대종사 말씀하시기를
[서가모니 불상이 우리에게 죄 주고 복 주는 증거는
사실적으로 해석하여 가르치기가 어려우나,
일원상은 곧 청정 법신불을 나타낸 바로서
천지·부모·동포가 다 법신불의 화신化身이요, 법률도 또한 법신불의 주신 바이라
이 천지·부모·동포·법률이 우리에게 죄 주고 복 주는 증거는
얼마든지 해석하여 가르칠 수가 있으므로
일원상을 신앙의 대상으로 모신 것이니라.]

소태산 대종사님이 깨달은 진리는 석가모니불의 그것과 다르지 않으나
그 진리를 설명하는 데 불상이라는 방편方便에 한계가 있음을 말씀하십니다.
죄복의 이치를 사실적으로 설명하기 어려움을 토로하십니다.
목적과 수단, 방편의 괴리를 극복하고자
일원상을 신앙의 대상으로 모신 것이라고 설하십니다.

일원상의 내역이 사은四恩(천지은, 부모은, 동포은, 법률은)이니
일원상을 신앙의 대상으로 삼아야
죄복의 이치를 사실적으로 해석하기가 쉽다고 판단하신 것입니다.

또 여쭙기를
[그러하오면 서가모니불을 본사로 모신다는 것은 말뿐이요,
특별히 숭배하는 행사는 없지 아니하나이까.]

이런 설명에도 이해가 덜된 사람이 질문을 이어갑니다.
불상을 모시고 행하는 여러 가지 의식 행사 여부도 궁금했던 모양입니다.

대종사 말씀하시기를
[비록 법당에 불상을 모시지는 아니하였으나,
일반 신자들에게 부처님을 지극히 존숭하도록 신심을 인도하는 동시에
참다운 숭배는 부처님의 말씀하신 근본 정신을 존중히 받들고
또한 육근을 작용할 때에 그대로 행을 닦아서
부처님의 법통과 사업을 영원히 계승 발전시킴에 있다는 뜻을 역설하는 바인즉,
어찌 불상을 모시고 조석 예불하는 것만을 숭배라 하리요.]

석가모니 부처님에 대한 '참다운 숭배'가 무엇인지를 설명하십니다.
'신심을 인도'하고, '근본 정신을 받들고', '육근을 작용할 때에 그대로 행을 닦고',
'부처님의 법통과 사업을 영원히 계승 발전시킴' 이 중요하다고 역설하십니다.

조석 예불과 같은 형식적 의례보다는 이런 실질적인 실천이 중요하다고 설하십니다.

부처님의 정신을 올바로 계승 발전시키려는 소태산 대종사님의 혁신 사상을 볼 수 있는 대목입니다.

나의 마음공부

- 원불교에서는 '일반 신자들에게 부처님을 지극히 존숭하도록 신심을 인도' 하기 위해 무엇을 어떻게 하고 있을까요?

- 부처님이 말씀하신 근본 정신이 무엇이라고 생각하나요?

- 나는 어떻게 부처님 정신을 존중히 받들어 육근을 사용하고 있나요?

- 일원상을 대할 때마다 소태산 대종사님의 본의를 생각하나요?

- 나는 어떻게 부처님의 법통을 이어가고 있나요?

- 나는 어떻게 부처님의 사업을 이어가고 있나요?

10

또 여쭙기를
[일원상을 모시고 죄복의 출처를 사실적으로 해석하여 가르치는 것이
인지가 발달된 이 시대에 지혜 있는 사람들에게는 극히 적합할 일이오나,
어느 세상을 물론하고
지혜 있는 사람은 적고 어리석은 사람이 많은 것은 사실이오니,
어리석은 대중에게 신심을 넣어 주는 데에는
불상을 모시는 것이 더 유리하지 아니하겠나이까.]

대종사 말씀하시기를
[법신불 사은이 우리에게 죄 주고 복 주는 증거는
아무리 어리석은 사람이라도 자상히 설명하여 주면
알기도 쉽고 믿기도 쉬울 줄로 생각하는 바이나,
불상이 아니면 신심이 나지 않는 사람은
불상을 모신 곳에서 제도를 받아도 또한 좋을 것이니,
그러한다면 불상을 믿는 사람도 제도할 수 있고
일원상을 믿는 사람도 제도할 수가 있지 아니하겠는가.]

『대종경』「교의품」10장

아무리 어리석은 사람이라도 | 풀이 |

또 여쭙기를
[일원상을 모시고 죄복의 출처를 사실적으로 해석하여 가르치는 것이
인지가 발달된 이 시대에 지혜 있는 사람들에게는 극히 적합할 일이오나,
어느 세상을 물론하고
지혜 있는 사람은 적고 어리석은 사람이 많은 것은 사실이오니,
어리석은 대중에게 신심을 넣어 주는 데에는
불상을 모시는 것이 더 유리하지 아니하겠나이까.]

이제는 질문의 내용이 좀 세부적으로 바뀌어서 이어집니다.
지혜 있는 사람에게는 일원상을 모시는 것이 타당해도
어리석은 사람에게는 불상을 모시는 것이 낫지 않겠냐는 질문입니다.

대종사 말씀하시기를
[법신불 사은이 우리에게 죄 주고 복 주는 증거는
아무리 어리석은 사람이라도 자상히 설명하여 주면
알기도 쉽고 믿기도 쉬울 줄로 생각하는 바이나,

대종사님은 일단 이 질문의 전제를 인정하지 않습니다.
'아무리 어리석은 사람이라도', '자상히 설명하여 주면',
'알기도 쉽고 믿기도 쉬울 줄로 생각' 한다고 강조하십니다.

이와 관련해서 소태산 대종사님은 『정전』「불공하는 법」에서 이렇게 설하십니다.
'과거의 불공 법과 같이 천지에게 당한 죄복도 불상佛像에게 빌고, 부모에게 당한 죄복도 불상에게 빌고, 동포에게 당한 죄복도 불상에게 빌고, 법률에게 당한 죄복도 불상에게만 빌

것이 아니라, 우주 만유는 곧 법신불의 응화신(應化身)이니, 당하는 곳마다 부처님(處處佛像)이요, 일일이 불공 법(事事佛供)이라, 천지에게 당한 죄복은 천지에게, 부모에게 당한 죄복은 부모에게, 동포에게 당한 죄복은 동포에게, 법률에게 당한 죄복은 법률에게 비는 것이 사실적인 동시에 반드시 성공하는 불공 법이 될 것이니라.(하략)'

불상이 아니면 신심이 나지 않는 사람은
불상을 모신 곳에서 제도를 받아도 또한 좋을 것이니,
그러한다면 불상을 믿는 사람도 제도할 수 있고
일원상을 믿는 사람도 제도할 수가 있지 아니하겠는가.]

이어서, 그런데도 '불상이 아니면 신심이 나지 않는 사람은'
불상을 모시고 신앙을 하라고 설하십니다.
혁신을 권하되 전통도 인정하십니다.

나의 마음공부

• 나에게 죄복(罪福)을 주는 존재가 무엇인지 사실적으로 설명할 수 있나요?

• 실생활에서 어떻게 하면 복을 받을 수 있는지 잘 알고 있나요?

• '법신불 사은이 우리에게 죄 주고 복 주는 증거'를 충분히 댈 수 있나요?

• 불상과 일원상 가운데 어느 대상에 신심이 더 나나요?

11

또 여쭙기를 [일원상과 서가모니불과의 관계는 어떠하오니까.]

대종사 말씀하시기를
[일원은 곧 모든 진리의 근원이요,
서가모니불은 이 진리를 깨치사 우리에게 가르쳐 주신 스승님이시니,
비록 이 세상에 아무리 좋은 진리가 있다 할지라도
그를 발견하여 가르쳐 주시는 분이 없다면 그 진리가 우리에게 활용되지 못할 것이요,

비록 서가모니불이 이 세상에 나오셨다 할지라도
이 세상에 일원상의 진리가 없었다면 서가모니불이 되실 수도 없고,
또는 사십 구년 동안 설법하실 자료도 없었을지라,

그러므로 우리는 법신불 일원상을 진리의 상징으로 하고
서가모니불을 본사로 하여 법신여래法身如來와 색신여래色身如來를 같이 숭배하노라.

그러나, 이것은 일원상과 서가모니불을 구별하여 보는 자리에서 하는 말이요
만일 구별 없는 진리 자리에서 본다면
일원상과 서가모니불이 둘이 아님을 또한 알아야 하리라.]

『대종경』「교의품」11장

- **법신 여래 法身如來** : 법신불을 달리 부르는 말. "법사님의 색신 여래 色身如來는 가시었으나 법신 여래는 대중의 가슴에 영원히 자비 불보살의 혼과 성자의 탑을 세워주실 것입니다"(『대산종법사법문집4』) 라고 하여 진리를 깨친 분의 마음을 법신 여래라 하고, 그분의 몸을 색신 여래라 한다.
- **색신 여래 色身如來** : 부처님의 몸. 부처님의 마음을 법신 여래, 부처님의 몸을 색신 여래라 한다. 모든 사람의 육신. 시방삼세를 통해서 본다면 사람은 누구나 언젠가는 부처가 될 수 있으므로 사람의 육신은 곧 색신 여래이다. 또한 공즉시색空卽是色이므로 사람의 육신 그대로가 색신 여래이다. 원불교에서는 색신 여래에 긍정의 의미를 많이 부여하고 있다. 우리가 공부와 사업을 잘하기로 하려면 만사만리의 근본인 이 몸, 곧 색신 여래를 잘 관리해야 한다. 색신이 죽으면 법신도 볼 수 없으므로 색신 여래 관리에 소홀해서는 안 된다.

일원상과 서가모니불과의 관계 | 풀이 |

또 여쭙기를
[일원상과 서가모니불과의 관계는 어떠하오니까.]

신앙의 대상으로 일원상을 모신 이유와 관련된 질문들이 이어지고 있습니다.

대종사 말씀하시기를
[일원은 곧 모든 진리의 근원이요,
서가모니불은 이 진리를 깨치사 우리에게 가르쳐 주신 스승님이시니,
비록 이 세상에 아무리 좋은 진리가 있다 할지라도
그를 발견하여 가르쳐 주시는 분이 없다면
그 진리가 우리에게 활용되지 못할 것이요,

'일원' 즉 일원상으로 표상된 원불교적 진리는
사실은 뭐라고 언어적으로 표현될 수 없는 '궁극적 진리', '유일한 진리' 입니다.
그리고 이 진리를 깨달은 석가모니는 비로소 석가모니 부처가 된 것이죠.
석가모니 부처님은 진리를 깨달아 우리에게 가르쳐주는 스승입니다.
일원상과 석가모니 부처님과의 관계를 간명하게 설해주십니다.

비록 서가모니불이 이 세상에 나오셨다 할지라도
이 세상에 일원상의 진리가 없었다면 서가모니불이 되실 수도 없고,
또는 사십 구년 동안 설법하실 자료도 없었을지라,

부연 설명입니다.
깨달아야 할 진리가 없는데 어떻게 깨달음이 가능할 것이며

깨달음이 없는 부처가 어디에 있겠습니까.
진리에 대한 깨달음이 없으면 전해야 할 내용도 있을 수 없습니다.

그러므로 우리는 법신불 일원상을 진리의 상징으로 하고
서가모니불을 본사로 하여
법신여래法身如來와 색신여래色身如來를 같이 숭배하노라.

불교적 관점에서 보자면
일원상은 법신 여래, 서가모니불은 색신 여래라고 할 수 있습니다.

그러나, 이것은 일원상과 서가모니불을 구별하여 보는 자리에서 하는 말이요
만일 구별 없는 진리 자리에서 본다면
일원상과 서가모니불이 둘이 아님을 또한 알아야 하리라.]

진리는 진리이고 인간 석가모니는 석가모니일 뿐이지만,
석가모니 부처님은 법신불 일원상을 온전히 깨달고 그 진리를 체 받아 인격화했으니
서로 둘이 아니라고 설하신 것입니다.

나의 마음공부

• 나는 일원상의 진리, 즉 법신 여래를 얼마나 알고 있나요?

• 나는 석가모니 부처님이 전해주신 진리를 얼마나 알고 있나요?

• 소태산 대종사님이 깨달으신 진리와 석가모니 부처님이 깨달으신 진리는 얼마나 같거나 다를까요?

• 일원상을 모시는 것이 석가모니 부처님을 모시는 것과 같다고 생각하나요?

12

한 제자 여쭙기를
[불상 숭배와 일원상 숭배의 다른 점은 어떠하옵나이까.]

대종사 말씀하시기를
[불상 숭배는 부처님의 인격에 국한하여
후래 제자로서 그 부처님을 추모 존숭하는 데에 뜻이 있을 뿐이나,

일원상 숭배는 그 뜻이 실로 넓고 크나니,
부처님의 인격만 신앙의 대상으로 모시는 것보다
우주 만유 전체를 다 부처님으로 모시고 신앙하여
모든 죄복과 고락의 근본을 우주 만유 전체 가운데에 구하게 되며,
또는 이를 직접 수행의 표본으로 하여
일원상과 같이 원만한 인격을 양성하자는 것이니,
그 다른 점이 대개 이러하나니라.]

『대종경』「교의품」12장

불상 숭배와 일원상 숭배의 다른 점 | 풀이 |

한 제자 여쭙기를
[불상 숭배와 일원상 숭배의 다른 점은 어떠하옵나이까.]

「교의품」 대부분의 내용은 일원상 숭배에서 비롯된 질문입니다.
'일원상'의 등장이 그 당시 대중들에게는 매우 낯설게 느껴지는
일대 혁신이었다는 방증일 것입니다.

대종사 말씀하시기를
[불상 숭배는 부처님의 인격에 국한하여
후래 제자로서 그 부처님을 추모 존숭하는 데에 뜻이 있을 뿐이나,
일원상 숭배는 그 뜻이 실로 넓고 크나니,
부처님의 인격만 신앙의 대상으로 모시는 것보다
우주 만유 전체를 다 부처님으로 모시고 신앙하여
모든 죄복과 고락의 근본을 우주 만유 전체 가운데에 구하게 되며,
또는 이를 직접 수행의 표본으로 하여
일원상과 같이 원만한 인격을 양성하자는 것이니,
그 다른 점이 대개 이러하나니라.]

앞서 언급한 바와 같이 불상 숭배와 일원상 숭배가 둘이 아닐 수 있지만,
여기서는 둘로 나누어서 그 주된 실효성을 언급합니다.
'우주만유 전체를 다 부처님으로 모시'려면,
'일원상과 같이 원만한 인격을 양성'하려면,
불상을 숭배하는 것보다는 일원상을 숭배하는 것이 나을 것이라고 설하십니다.

나의 마음공부

• 나는 주위의 존재 가운데 누구를, 무엇을 부처님으로 모시고 있나요?

• 죄복을 빌 때 나는 주로 누구에게 비나요?

• 내 신앙의 대상은 누구인가요? 또는 무엇인가요?

• 내 수행의 표본은 누구인가요? 또는 무엇인가요?

13

대종사 말씀하시기를
[불상을 숭배하는 것이 교화 발전에 혹 필요가 있기도 하였으나
현재로부터 미래를 생각하면 그렇지 못할 것이 사실이니,
사람들이 저 불상을 수천 년이나 모셔 보았으므로
이제는 점차 그 위력에 대한 각성이 생겨날 것이요,
각성이 생겨난다면
무상 대도의 이치는 알지 못하고 다만 그 한 방편만 허무하다 하여
믿지 않게 될 것이라 어찌 발전에 장해가 없을 것이며,
또는 존엄하신 불상을 한갓 각자의 생활 도모하는 수단으로 모시는 사람도
적지 아니할 것이니 어찌 유감스럽지 아니하리요.
그러므로, 우리는 법신불 일원상을 모시기로 한 것이니라.]

『대종경』「교의품」13장

불상을 수 천 년이나 모셔 보았으므로 　　| 풀이 |

대종사 말씀하시기를
[불상을 숭배하는 것이 교화 발전에 혹 필요가 있기도 하였으나

석가모니 부처님은 자신의 모습을 본 딴 불상을 만들어
신앙의 대상으로 삼으라고 말씀하시지 않았습니다.
열반 후 수백 년 뒤에 사람들이 교화를 위해서 불상을 조성하기 시작한 것이죠.
그로부터 현재까지 이 전통이 이어져 온다는 것은
불상을 모심이 그 나름의 효용이 있었다는 방증일 수 있습니다.

현재로부터 미래를 생각하면 그렇지 못할 것이 사실이니,

하지만 앞으로의 미래에도 그래야 하고, 그럴 수 있을 것인가를 생각할 때
소태산 대종사님은 '그렇지 못할 것' 이라고 전망하십니다.

사람들이 저 불상을 수천 년이나 모셔 보았으므로
이제는 점차 그 위력에 대한 각성이 생겨날 것이요,

이제는 불상의 위력에 대한 대중의 각성이 생길 때가 되었다고 보신 것입니다.
불상이 우리에게 죄복을 주는 '사실적 권능' -『대종경』「교의품」8장이 있는 주체인지
깨달을 때가 되었다고 판단하신 것이죠.
참된 신앙의 대상에 대한 자각이 일어나리라고 내다보셨습니다.

각성이 생겨난다면
무상 대도의 이치는 알지 못하고 다만 그 한 방편만 허무하다 하여

믿지 않게 될 것이라 어찌 발전에 장해가 없을 것이며,

진리에 다가가기 위한 유용한 방편이었던 불상 숭배가
오히려 불교 발전에 장해가 될 수도 있겠다는 본질적인 우려를 표하십니다.

또는 존엄하신 불상을 한갓 각자의 생활 도모하는 수단으로 모시는 사람도
적지 아니할 것이니 어찌 유감스럽지 아니하리요.
그러므로, 우리는 법신불 일원상을 모시기로 한 것이니라.]

더구나 부처님의 가르침을 전하기 위한 방편이 아니라
직업적으로 생활 수단화하는 병폐까지 생겨난 현상에 우려까지 하십니다.
앞으로도 불상을 모시는 신앙 행위를 계속한다면
이런 우려는 더 지속될 수도 있죠.

신앙의 대상에 대한 각성의 수준에 따라 방편의 수준도 변화해야 합니다.
소태산 대종사님은 그 변화의 때가 되었다고 보셨습니다.
대중들의 의식 수준에 맞게 '법신불 일원상'을 모시기로 한 것입니다.

이런 변화가 바로 소태산 대종사님의 '불교 혁신'의 중심이 되고 있으며
그 핵심에 '법신불 일원상 모심'이 자리하고 있는 것입니다.

나의 마음공부

• 교화에 유리하다면 불상을 계속 모시는 것은 어떨까요?

• 불상의 위력에 대해서 어떻게 생각하나요?

• 법신불 일원상의 위력을 어떻게 체험하고 있나요?

14

또 말씀하시기를
[이 시대는 전세계 인류가 차차 장년기에 들어 그 지견이 발달되는지라,
모든 사람이 고락 경계를 당할 때에는 혹 죄복에 대한 이해가 있을 것이며,
죄복에 대한 이해가 있고 보면 그 죄복의 근본처를 찾을 것이며,
찾고 보면 그 뜻이 드러날 것이요,
그 뜻이 드러나고 보면 잘 믿을 것이니,
사실로 이해하기 좋은 신앙처를 발견하여 숭배하면
지자와 우자를 막론하고 안심입명安心立命을 얻을 것이며,

또는 과거와 같이 자기 불공을 다른 사람에게 의뢰할 것이 아니라,
자기 불공은 자기가 주로 하여야 할 것이며
불공하는 방식도 신자에 있어서는 다 알아야 할 것이니
그 방법의 강령은 곧 이 교리와 제도라 할 것이며,
불공하는 방법을 알아 불공을 한 후에 성공을 하는 것도 또한 구분이 있나니,
그 일의 형세를 따라서 정성을 계속하여야 성공이 있으리라.

그러므로, 인연작복因緣作福을 잘하고 못하는 것과 부귀빈천되는 것이
다 다생 겁래를 왕래하면서 불공 잘하고 못하는 데 있나니,
복이 많고 지혜가 많은 사람은
법신불 일원상의 이치를 깨치어 천지 만물 허공 법계를 다 부처님으로 숭배하며,
성공의 기한 구별도 분명하며,
죄복의 근원처를 찾아서 불공하므로 무슨 서원이든지 반드시 성공할 것이니,
그러므로 우리는 불상 한 분만 부처로 모실 것이 아니라
천지 만물 허공 법계를 다 부처님으로 모시기 위하여
법신불 일원상을 숭배하자는 것이니라.]

『대종경』「교의품」14장

- 안심입명 安心立命 : 마음을 편안하게 가져 몸을 천명 天命에 맡기고 어떠한 일에 대해서도 태연자약·태연부동하는 것. 또는 마음의 편안함을 체득하여 생사·이해·득실을 초월한 삶을 살아가는 것.
- 인연작복 因緣作福 : 인과보응의 이치를 믿고 좋은 인연을 많이 지어서 복을 만든다는 말. 사람이 짓는 선악의 업인에 따라 이에 상응하는 과보가 있다. 착한 인을 지으면 좋은 과보를 받게 되고, 나쁜 인을 지으면 나쁜 과보를 받게 된다. 이 세상의 모든 차별현상도 이러한 인과보응의 이치에 따라 형성된 것이다. 빈부귀천의 모든 차별도 선과 악의 업을 어떻게 짓는가에 따라 결정된다.

사실로 이해하기 좋은 신앙처 | 풀이 |

또 말씀하시기를
[이 시대는 전세계 인류가 차차 장년기에 들어 그 지견이 발달되는지라,
모든 사람이 고락 경계를 당할 때에는 혹 죄복에 대한 이해가 있을 것이며,
죄복에 대한 이해가 있고 보면 그 죄복의 근본처를 찾을 것이며,
찾고 보면 그 뜻이 드러날 것이요, 그 뜻이 드러나고 보면 잘 믿을 것이니,
사실로 이해하기 좋은 신앙처를 발견하여 숭배하면
지자와 우자를 막론하고 안심입명(安心立命)을 얻을 것이며,

대종사님 특유의 논리적 전개가 돋보이는 법문입니다.
1. 인류가 장년기에 접어들어 지견이 발달되고 있다.
2. 고락 경계를 당하면서 죄복에 대한 이해도가 높아질 것이다.
3. 당연히 죄복의 근본처를 찾게 될 것이다.
4. 근본처의 의미가 드러나면
5. 잘 믿게 될 것이다.
6. 요컨대, '사실로 이해하기 좋은 신앙처'를 발견해서 숭배하면
7. 누구나 안심입명을 얻을 것이다.
이와같이 인과의 이치에 바탕해서 순차적으로 차근차근 논리적 전개를 하십니다.

또는 과거와 같이 자기 불공을 다른 사람에게 의뢰할 것이 아니라,
자기 불공은 자기가 주로 하여야 할 것이며
불공하는 방식도 신자에 있어서는 다 알아야 할 것이니
그 방법의 강령은 곧 이 교리와 제도라 할 것이며,
불공하는 방법을 알아 불공을 한 후에 성공을 하는 것도 또한 구분이 있나니,
그 일의 형세를 따라서 정성을 계속하여야 성공이 있으리라.

그러므로, 인연작복因緣作福을 잘하고 못하는 것과 부귀빈천되는 것이
다 다생 겁래를 왕래하면서 불공 잘하고 못하는 데 있나니,

불공도 과거와는 달리해야 한다고 설하십니다.
신앙처가 '불상'에서 '법신불 일원상'으로 달라지고
'천지 만물 허공 법계'로 확산됨에 따른 합리적 귀결입니다.
1. 자기 불공은 자기가 주로 해야 한다.
2. 따라서 불공의 방식도 누구나 다 알아야 한다.
3. 우리 교리와 제도가 바로 그 방식이다.
4. 불공의 성공 여부도 일의 형세에 따라 다르다.
5. 인연작복, 부귀빈천도 불공에 달렸다.

복이 많고 지혜가 많은 사람은
법신불 일원상의 이치를 깨치어 천지 만물 허공 법계를 다 부처님으로 숭배하며,
성공의 기한 구별도 분명하며,
죄복의 근원처를 찾아서 불공하므로 무슨 서원이든지 반드시 성공할 것이니,
그러므로 우리는 불상 한 분만 부처로 모실 것이 아니라
천지 만물 허공 법계를 다 부처님으로 모시기 위하여
법신불 일원상을 숭배하자는 것이니라.]

1. 법신불 일원상의 진리를 깨달으면 우주 만유를 다 부처님으로 숭배하게 된다.
2. 불공에 따라 성공의 기한도 분명하다.
3. 죄복의 근원처를 찾아서 불공하니까
4. 무슨 서원이든지 반드시 성공할 것이다.
5. 이렇게 불공에 성공하기 위해서 법신불 일원상을 숭배하자는 것이다.

'사실로 이해하기 좋은 신앙처'를 설명해주십니다.
이보다 더 사실로 이해하기 좋은 설명이 있겠나 싶습니다.

나의 마음공부

• 왜 '법신불 일원상'을 모시는지 확실히 깨달았나요?

• '천지 만물 허공 법계를 다 부처님으로 숭배' 하고 있나요?

• 불공으로 '무슨 서원이든지 반드시 성공할 것' 이라고 확신하나요?

• '사실로 이해하기 쉬운 신앙처'를 사람들에게 쉽게 설명할 수 있나요?

• '죄복의 근원처'를 정확히 찾았나요?

15

대종사 봉래 정사蓬萊精舍에 계실 때에 하루는
어떤 노인 부부가 지나가다 말하기를,
자기들의 자부子婦가 성질이 불순하여 불효가 막심하므로
실상사實相寺 부처님께 불공이나 올려 볼까 하고 가는 중이라고 하는지라,
대종사 들으시고 말씀하시기를
[그대들이 어찌 등상불에게는 불공할 줄을 알면서
산 부처에게는 불공할 줄을 모르는가.]
그 부부 여쭙기를 [산 부처가 어디 계시나이까.]
대종사 말씀하시기를
[그대들의 집에 있는 자부가 곧 산 부처이니,
그대들에게 효도하고 불효할 직접 권능이 그 사람에게 있는 연고라,
거기에 먼저 공을 드려 봄이 어떠하겠는가.]
그들이 다시 여쭙기를 [어떻게 공을 드리오리까.]

대종사 말씀하시기를
[그대들이 불공할 비용으로 자부의 뜻에 맞을 물건도 사다 주며
자부를 오직 부처님 공경하듯 위해 주어 보라.
그리하면, 그대들의 정성을 따라 불공한 효과가 나타나리라.]
그들이 집에 돌아가 그대로 하였더니,
과연 몇 달 안에 효부가 되는지라 그들이 다시 와서 무수히 감사를 올리거늘,
대종사 옆에 있는 제자들에게 말씀하시기를
[이것이 곧 죄복을 직접 당처에 비는 실지불공實地佛供이니라.]

『대종경』「교의품」 15장

- **봉래정사 蓬萊精舍** : 전북 부안군 변산면 실상동의 실상초당과 석두암을 통칭하여 봉래정사라 한다. 봉래정사라고 이름하는 것은 변산을 소금강 小金剛으로 여기어 금강산의 별칭인 봉래산의 이름을 따 그 수양처를 봉래정사라 했다. 소태산 대종사는 1919년(원기4)부터 1924년(원기9)까지 5년간 봉래정사에 머물렀다.
- **불공 佛供** : 불교적 의미로 '부처님께 헌공하는 공물'이라는 뜻이며, '불전공양'의 준말이라고도 한다. 부처님 재세 시에 제자들이 부처님께 공경하여 수용품이나 음식·꽃·향 등을 바치는 의식을 말하며, 불멸후에는 불상 앞에 공양하는 것을 의미한다. 이와 같이 불공이란 부처님의 가피를 얻기 위해 정신·육신·물질로 불전에 정성을 바치는 일이라 말할 수 있다. 원불교에서 말하는 불공의 의미는 직접 법신불전에 서약하고 기도하는 기도형식의 불공뿐만이 아니라, 보은·작복하는 실천적 신앙생활까지를 망라한 광범위한 의미가 있다. 곧 원불교 불공의 의미는 법신불의 은혜와 위력을 얻기 위한 진리적 소원성취뿐만 아니라, 정신·육신·물질로 현실 세상에 유익함을 끼치는 것까지도 폭넓게 망라한 신앙행위를 포함한 개념이다. 소태산 대종사의 불공관은 처처불상·사사불공으로 대표된다. 이러한 원불교의 불공법은 진리불공과 실지불공으로 요약된다
- **당처 當處** : 일이 있는 바로 그곳. 또는 이곳.

죄복을 직접 당처에 비는 실지불공 實地佛供 | 풀이 |

대종사 봉래 정사 蓬萊精舍에 계실 때에 하루는
어떤 노인 부부가 지나가다 말하기를,
자기들의 자부子婦가 성질이 불순하여 불효가 막심하므로
실상사實相寺 부처님께 불공이나 올려 볼까 하고 가는 중이라고 하는지라,

수심愁心 가득한 노부부에게 대종사님이 말을 붙이신 모양입니다.
자초지종을 들으시고 차근차근 쉽게 실다운 불공법을 알려주십니다.
그런데 '불공이나 올려 볼까 하고' 라는 대목이 흥미롭네요.
불공에 대한 확신이 없어 보이기 때문입니다.
아마도 깨달음이나 확신이 없는 관행적인 신앙에 머무는 듯합니다.

대종사 들으시고 말씀하시기를
[그대들이 어찌 등상불에게는 불공할 줄을 알면서
산 부처에게는 불공할 줄을 모르는가.]

그들의 불공으로는 원하는 결과를 얻지 못할 것을 아신 대종사님은
정곡을 찌르듯이 묻습니다. 왜 '산 부처' 에게 불공하지 않느냐고.
'죄복의 근원처' 를 제대로 찾지 못함을 지적하십니다.
인과의 이치에 맞지 않은 불공을 하고 있다는 가르침입니다.

그 부부 여쭙기를 [산 부처가 어디 계시나이까.]
대종사 말씀하시기를
[그대들의 집에 있는 자부가 곧 산 부처이니,
그대들에게 효도하고 불효할 직접 권능이 그 사람에게 있는 연고라,

거기에 먼저 공을 드려 봄이 어떠하겠는가.]

이 대목에서 신앙처, 신앙의 대상에 관한 엄청난 전환이 이뤄집니다.
'불상'이 아니라 '일원상'을 모신 대종사님의 본의가 드러납니다.
'효도하고 불효할 직접 권능'이 '불상'에는 없는 겁니다.
그 '직접 권능'을 가진 며느리가 바로 '산 부처'라고 깨우쳐주십니다.

'불공佛供'이란 '부처님'에게 소중한 것을 바치는 행위, 공양供養이죠.
그런데 이 상황에서 '불상佛像'은 진정한 '부처님'이 아닙니다.
불공을 할 대상을 바꿔야 한다는 가르침입니다.

불상에게 불공을 드리는 것이 '전혀' 효과가 없는 것은 아니겠으나
직접적으로, 신속하게 효과를 보려면 '먼저' 자부에게 공을 드리라고 하십니다.
인과의 이치에 합당한 불공의 방법을 알려주십니다.

그들이 다시 여쭙기를 [어떻게 공을 드리오리까.]

불효하는 며느리가 '산 부처'라고 하는 대종사님의 말씀에 놀란 노부부가
'불공의 방법'에 대해 질문을 합니다. 지혜로운 분들입니다.

대종사 말씀하시기를
[그대들이 불공할 비용으로 자부의 뜻에 맞을 물건도 사다 주며
자부를 오직 부처님 공경하듯 위해 주어 보라.

노부부의 뜻이 아니라, '자부의 뜻'에 맞게 불공할 것을 주문하십니다.
그리고 '물건'을 사주는 것도 중요하겠지만 그보다 중요한 것은
자부를 '오직 부처님 공경하듯 위해' 주는 것이죠.
사실은 이미 앞에서 자부를 '산 부처'라고 선언했으니 이는 당연한 귀결입니다.

교의품

물건만 사다 준다고 해서 '며느리 부처님'의 감응이 있을 순 없습니다.
진심에 바탕한 불공이어야죠.
아무튼 대종사님은 과거의 불공과는 매우 다른 불공법을 알려주십니다.

그리하면, 그대들의 정성을 따라 불공한 효과가 나타나리라.]

그리고 그 불공의 효과는 '정성精誠'에 따라 나타난다고 말씀하십니다.
정성은 물량적으로 측정할 수 있는 것이 아닙니다.
'지성至誠이면 감천感天'이라는 말과 같이
마음이 지극히 정성스러워야 상대의 마음에 감응이 있을 것입니다.

그들이 집에 돌아가 그대로 하였더니,

무심히 지나치기 쉬운 이 대목은 매우 중요한 대목입니다.
불공의 성패를 좌우하는 내용이라고 할 수 있습니다.
'그대로' 하였다는 것은 초면인 대종사님의 말씀을 온전히 수용해서
온전히 실천했다는 의미죠. 노부부의 순수한 믿음을 엿볼 수 있습니다.

과연 몇 달 안에 효부가 되는지라 그들이 다시 와서 무수히 감사를 올리거늘,

'몇 달'이란 기간은 짧은 걸까요, 긴 걸까요?
자칫하면 평생 불화하면서 지낼 수도 있다는 걸 생각하면
'몇 달'은 어쩌면 매우 짧은 기간이라고 볼 수 있습니다.
그 짧은 시간 안에 엄청난 변화가 일어난 것이죠.
불공의 힘이라고 할 수 있습니다.

노부부와 며느리의 관계가 회복되어서 누가 행복해졌을까요?
노부부만이 아니라 며느리도 행복해지고 가족들이 모두 행복해졌겠지요.

며느리의 행복과 불행은 시부모인 노부부에 달렸고,
노부부의 행복과 불행은 며느리에게 달렸기 때문입니다.
한 사람이 불행하면 그 옆 사람도 불행해집니다.
한 사람이 행복하면 그 옆 사람도 행복해집니다.
우리는 서로 '없어서는 살지 못하는 관계' 인 '은혜' 의 존재들이기 때문입니다.

마음을 알아서 마음을 잘 쓰면 우리들의 관계는 은혜로 가득한 행복한 관계로 나아갑니다.
마음공부를 해야 자신과 상대방에 대한 진정한 존귀함을 알게 되고
서로만이 아니라 우주만물 모두가 얼마나 존귀한 존재인지를 알게 됩니다.
그때 비로소 부처님을 발견하게 되고 불공도 가능하게 됩니다.

정성스러운 불공으로 다행스러운 결과를 얻은 노부부가
대종사님을 다시 찾아와 감사의 인사까지 했으니 매우 은혜로운 결말입니다.
법문에 다 표현되지 않았지만 노부부와 며느리의 특별한 노력이 있었을 것입니다.

대종사 옆에 있는 제자들에게 말씀하시기를
[이것이 곧 죄복을 직접 당처에 비는 실지불공實地佛供이니라.]

매우 드라마틱한 실례를 들어 '실지불공' 의 개념을 소개하시는데
실지불공의 핵심은 '죄복을 직접 당처에 비는' 것이라고 설명해주십니다.
인과의 이치에 맞게 불공하라는 가르침입니다.

불교 혁신의 내용에 왜 불공법이 포함되었는지도 다시 생각하게 하는 법문입니다.
또한 종교를 불문하고 관행적으로 해온 신앙행위, 기복행위에 대해 성찰을 하게 하는
법문입니다.

불효하는 며느리를 부처님으로 모시라는 이 법문의 메시지는 정신개벽, 종교혁명,
새불교의 핵심을 드러내는 소태산 사상의 백미라고 할 수 있습니다.

나의 마음공부

• 부처님은 어디에 계시는가요?

• 내 가족이 부처님으로 보이나요?

• 나는 부처님인가요?

- 상황에 맞게 불공을 할 줄 아나요?

- 실지불공을 잘해서 원하는 결과를 얻은 경험이 있나요?

16

김영신 金永信 이 여쭙기를
[사은 당처에 실지불공하는 외에 다른 불공법은 없나이까.]
대종사 말씀하시기를
[불공하는 법이 두 가지가 있으니, 하나는 사은 당처에 직접 올리는 실지불공이요,
둘은 형상 없는 허공 법계를 통하여 법신불께 올리는 진리불공이라,
그대들은 이 두 가지 불공을 때와 곳과 일을 따라 적당히 활용하되
그 원하는 일이 성공되도록까지 정성을 계속하면
시일의 차이는 있을지언정 이루지 못 할 일은 없으리라.]
또 여쭙기를 [진리불공은 어떻게 올리나이까.]
대종사 말씀하시기를
[몸과 마음을 재계 齋戒 하고
법신불을 향하여 각기 소원을 세운 후 일체 사념을 제거하고,
선정 禪定 에 들든지 또는 염불과 송경을 하든지 혹은 주문 등을 외어
일심으로 정성을 올리면 결국 소원을 이루는 동시에 큰 위력이 나타나
악도 중생을 제도할 능력과 백천 사마라도 귀순시킬 능력까지 있을 것이니,
이렇게 하기로 하면 일백 골절이 다 힘이 쓰이고
일천 정성이 다 사무쳐야 되나니라.]

『대종경』「교의품」16장

- **허공법계 虛空法界** : 보이지 않는 진리를 텅 빈 허공에 비유한 말. 진리는 허공과 같아서 텅 비어 있으되 모든 법과 조화를 다 포함하고 있다. 소태산 대종사는 "천지만물 허공법계가 다 부처 아님이 없다"(『대종경』「교의품」4장) 라고 했는데, 이때의 허공법계는 보이지 않는 진리계를 말한다
- **법신불 法身佛** : 진리 그 자체로서의 불佛. 싼스끄리뜨 다르마까야붓다(Dharma-kāya Buddha)의 의역으로, 법法·보報·화化 삼신불 중의 하나. 법불法佛·자성신自性身·법성신法性身·진여신眞如身·여여불如如佛·실불實佛이라고도 한다.
- **재계 齋戒** : 몸과 마음을 깨끗이 하고 부정不淨한 일을 멀리하는 것. 몸·입·뜻(身口意)의 삼업을 청정히 하는 것. 원불교의 각종 의식, 특히 기도·천도재·대재 등에는 반드시 심신을 깨끗이 하는 재계를 한다.

진리불공은 어떻게 올리나이까 | 풀이 |

김영신金永信이 여쭙기를
[사은 당처에 실지불공하는 외에 다른 불공법은 없나이까.]
대종사 말씀하시기를
[불공하는 법이 두 가지가 있으니, 하나는 사은 당처에 직접 올리는 실지불공이요,
둘은 형상 없는 허공 법계를 통하여 법신불께 올리는 진리불공이라,
그대들은 이 두 가지 불공을 때와 곳과 일을 따라 적당히 활용하되
그 원하는 일이 성공되도록까지 정성을 계속하면
시일의 차이는 있을지언정 이루지 못 할 일은 없으리라.]

「교의품」 15장 '실지불공'에 대한 법문에 이어서
'진리불공'에 대한 법문이 이어집니다.

실지불공–사은四恩 당처에 직접 올리는 불공.
진리불공–허공법계를 통하여 법신불께 올리는 불공.

이 두 가지 불공을 시의적절하게 활용하면
'이루지 못 할 일은 없다'고 단언하십니다.
물론 '시일의 차이'는 있으며 '정성을 계속' 해야 합니다.

여기서 상기해야 할 것이 있습니다.
원불교 신앙의 대상인 '일원상'은 곧, '법신불 사은'이라는 사실입니다.
우리는 기도할 때 '일원상' 앞에서
'법신불 사은이시여!' 라고 기도를 시작합니다.
'법신불'께는 진리불공을, '사은'께는 실지불공을 해야 하니

신앙처에 대한 호칭과 두 가지 불공이 꼭 맞아떨어지는 셈입니다.

또 여쭙기를 [진리불공은 어떻게 올리나이까.]
대종사 말씀하시기를
[몸과 마음을 재계齋戒하고
법신불을 향하여 각기 소원을 세운 후
일체 사념을 제거하고,
선정禪定에 들든지 또는 염불과 송경을 하든지 혹은 주문 등을 외어
일심으로 정성을 올리면

이제 '진리불공'의 방법에 대한 설명이 이어집니다.
첫째, 몸과 마음을 재계하기.
둘째, 법신불께 소원 세우기.
셋째, 일심 정성(선, 염불, 송경, 주문)올리기.

진리불공의 대표적인 의례는 기도입니다.
하지만 반드시 의식을 갖춘 기도식만 진리불공인 것은 아닙니다.
이 법문의 내용을 이해하고 잘 따르면 됩니다.

언뜻 생각하면 소원부터 앞세우기 쉬운데 재계부터하라고 하십니다.
자칫 욕심으로 소원을 빌 수도 있기 때문일 것입니다.
그다음엔 '일심一心'이 되어 정성을 다하는 것입니다.
진리불공은 오직 마음으로 하는 것입니다.

결국 소원을 이루는 동시에 큰 위력이 나타나
악도 중생을 제도할 능력과 백천 사마라도 귀순시킬 능력까지 있을 것이니,
이렇게 하기로 하면 일백 골절이 다 힘이 쓰이고
일천 정성이 다 사무쳐야 되나니라.]

제대로 진리불공을 하면 결국 소원을 이룬다고 확언하십니다.
동시에 큰 위력도 나타나서 악도 중생까지 제도할 능력도 생긴다고 하십니다.
물론 이렇게 되려면
'일백 골절이 다 힘이 쓰이고, 일천 정성이 다 사무쳐야' 된다고 설하십니다.

이 대목을 접하면
'과연 나는 이렇게 정성을 다할 수 있을까?' 하는 의심이 들 수도 있지만,
소태산 대종사님은 명확하게 길을 알려주셨습니다.
하거나 못 하는 것은 우리에게 달렸습니다.

「일원상 서원문」은
'일원의 위력을 얻도록까지 서원하고, 일원의 체성에 합하도록까지 서원함.'
이라고 마무리됩니다.
실지불공과 진리불공을 의미하는 대목이라고 할 수 있습니다.

진리불공, 실지불공 '두 가지 불공을 때와 곳과 일을 따라 적당히 활용' 하면
'이루지 못 할 일은 없으리라.' 라는 엄청난 희소식을 잊지 말아야겠습니다.

나의 마음공부

• 진리불공의 필요성을 언제 느끼시나요?

• 진리불공을 통해서 이루고 싶은 나의 소원은 무엇인가요?

• 일과 중 어느 때에 진리불공을 하시나요?

- 나는 진리(법신불 사은)와 어떻게 소통하고 교감하나요?

- 진리불공을 통해서 '위력'을 얻은 경험을 했나요?

- '일천 정성'을 사무치게 쏟은 경험은 언제인가요?

17

한 제자 심고의 감응되는 이치를 여쭙거늘 대종사 말씀하시기를
[심고의 감응은 심고하는 사람의 정성에 따라
무위 자연한 가운데 상상하지 못할 위력을 얻게 되는 것이라,
말로써 이를 다 증거하기가 어려우나,
가령 악한 마음이 자주 일어나 없애기가 힘이 드는 때에 정성스럽게 심고를 올리면
자연중 그 마음이 나지 않고 선심으로 돌아가게 되며,
악을 범하지 아니하려하나 전일의 습관으로 그 악이 자주 범하여지는 경우에
그 죄과를 실심實心으로 고백하고 후일의 선행을 지성으로 발원하면
자연히 개과천선의 힘이 생기기도 하나니,
이것이 곧 감응을 받는 가까운 증거의 하나이며,
과거 전설에 효자의 죽순이나 충신의 혈죽血竹이나
우리 구인의 혈인이 다 이 감응의 실적으로 나타난 바이니라.
그러나, 지성스러운 마음으로 꾸준히 그 서원을 계속하며,
한 번 고백한 서원에 결코 위반되는 일이 없어야만
결국 큰 감응과 위력이 나타나는 것이니, 이 점에 특히 명심하여야 할 것이며,
만일 이와 같이 하여 확호한 심력心力을 얻으면
무궁한 천권天權을 잡아 천지 같은 위력을 발휘할 수도 있나니라.]

『대종경』「교의품」17장

- **심고 心告** : 마음속으로 사은四恩 전에 고(告, 또는 기원)하는 것. 하루의 시작과 마침의 시간에 그날의 계획한 일을 부모님께 고하듯이 사은전에 고하는 조석심고, 특별한 원을 세우고 수시로 올리는 심고, 의식에서 순서에 따라 올리는 심고 등이 있다. 혼자서 하는 경우에는 대개 묵상으로 심고를 올린다.
- **감응 感應** : 어떤 느낌을 받아 반응을 일으키거나. 마음이 따라 움직임. 지극한 기원, 정성에 대한 진리, 신령, 초월적 존재의 반응.
- **확호하다** : 아주 든든하고 굳세다.
- **천권 天權** : 하늘이나 신과 같은 절대자가 행하는 권리. 또는 천자의 권리. 하늘이 내린 권리. 하늘로부터 부여받은 본질적 권리. 사람은 누구나 하늘이 내린 천부인권을 소유하고 있다. 한정 있는 인간의 권세에 대하여 무궁무진한 하늘의 권세, 곧 온갖 조화로 세상 만물을 살리는 진리의 작용을 말한다.

심고의 감응되는 이치 | 풀이 |

「교의품」 16장이 '진리불공'의 원리와 방법에 관한 법문이라면
17장은 대표적 진리불공법인 심고, 기도의 감응 이치와 사례에 관한 법문입니다.

한 제자 심고의 감응되는 이치를 여쭙거늘 대종사 말씀하시기를

'심고心告'란 말 그대로 마음을(心) 알리는(告) 행위이고, 마음을 고백告白하는 행위입니다. 자기 혼자 마음속으로 말하는 것과 다른 점은 '진리'를 향해서 고한다는 것입니다. 원불교인들은 '일원상', '법신불 사은'께 마음을 고합니다.

'감응感應'이란 '어떤 느낌을 받아 반응을 일으키거나, 마음이 따라 움직임'을 의미하죠. 감응하는 주체는 경우에 따라 다를 것입니다. 가까운 사람이나 존재일 수도 있고 가늠하기 어려운 '진리', '법신불'일 수도 있습니다. 뭉뚱그려서 표현하자면 '법신불 사은'의 감응일 것입니다.

소태산 대종사님은 감응되는 이치에 대해서 "천지에 묘하게 서로 응하는 이치가 있어서 그대로 반응한다고 한다. 이는 마치 사람이 땅에 곡식을 심고 가꾸면 땅도, 곡식도, 비료도 무정한 것이나 정성에 따라 결과가 달라지는 것과 같이 사람도 정성에 감응이 있게 된다. 이 감응되는 이치는 전기와 전기가 서로 통하는 것과 같다"-「대종경」「천도품」29장, "사람이 선을 지으면 우연한 가운데 복이 돌아오고 악을 지으면 우연한 가운데 죄가 돌아와서, 그 감응이 조금도 틀리지 않은 것"-「대종경」「변의품」1장과 같은 여러 가지 법문을 해주셨습니다.

[심고의 감응은 심고하는 사람의 정성에 따라
무위 자연한 가운데 상상하지 못할 위력을 얻게 되는 것이라,
말로써 이를 다 증거하기가 어려우나,

'무위 자연한 가운데 상상하지 못할 위력'을 얻는 이유는
아마도 마음이 우주 만유에 영향을 미치기 때문일 것입니다.
모든 존재는 하나로 연결되어 있는 '은恩'의 관계입니다.

이목구비가 하나도 없는 '○'(일원상) 앞에 두 손을 모으고
간절히 마음으로 고하는 바가 '우주 만유'에 전달됩니다.
'일원상'이 '우주만유'를 의미하고 '우주 만유'는 진리적으로 하나이기 때문입니다.
보이지 않는 인과의 이치가 우주 만유 모두를 하나로 꿰고 있기 때문입니다.
정산 종사님은 삼동윤리에서 '동기연계同氣連契'라고 표하기도 했습니다.

심고의 '위력'은 '상상하지 못할' 정도로 커서
언어로 구체적으로 표현하기 힘들다고 토로하십니다.

가령 악한 마음이 자주 일어나 없애기가 힘이 드는 때에
정성스럽게 심고를 올리면 자연중 그 마음이 나지 않고 선심으로 돌아가게 되며,
악을 범하지 아니하려하나 전일의 습관으로 그 악이 자주 범하여지는 경우에
그 죄과를 실심實心으로 고백하고 후일의 선행을 지성으로 발원하면
자연히 개과천선의 힘이 생기기도 하나니,
이것이 곧 감응을 받는 가까운 증거의 하나이며,

요컨대, 심고를 통해서 마음이 변하고 행동이 변하는 것을
'감응을 받는 가까운 증거'로 삼으셨습니다.
멀리 있는 대상이나 알 수 없는 어떤 절대자의 감응을 말하기 전에
심고하는 주체의 마음과 행동의 변화를 먼저 손꼽았습니다.
'나'의 변화야말로 비근한 사례라기보다는 위대한 사례일 것입니다.
제불제성이 공히 강조하는 '개과천선改過遷善'의 힘도 심고로 가능하니
개인의 바람직한 변화를 위해서는 심고라는 진리불공은 필수적입니다.

과거 전설에 효자의 죽순이나 충신의 혈죽血竹이나
우리 구인의 혈인이 다 이 감응의 실적으로 나타난 바이니라.

과거 전설의 사례, 백지혈인白紙血印의 이적 등을 모두 이 감응의 결과로 보십니다.

그러나, 지성스러운 마음으로 꾸준히 그 서원을 계속하며,
한 번 고백한 서원에 결코 위반되는 일이 없어야만
결국 큰 감응과 위력이 나타나는 것이니,
이 점에 특히 명심하여야 할 것이며,

하지만 심고의 위력, 진리불공의 위력을 얻으려면
자신의 마음을 스스로 속이지 않고 서원을 견실하게 지켜나가야 한다고,
그 점을 '특히 명심' 하라고 주의를 당부하십니다.

만일 이와 같이 하여 확호한 심력心力을 얻으면
무궁한 천권天權을 잡아 천지 같은 위력을 발휘할 수도 있나니라.]

'천지 같은 위력' 을 얻으려면
'확호한 심력' 을 얻어야 하고
그러려면 앞에서 대종사님이 말씀하신대로 실행해야겠습니다.

'심고의 감응은 심고하는 사람의 정성에 따라
무위 자연한 가운데 상상하지 못할 위력을 얻게 되는 것' 이라는
이 법문 첫 구절을 다시 확인하는 말씀으로 법문이 마무리됩니다.
우리의 정성이 관건입니다.

다음은 『정전』「심고心告와 기도祈禱」원문입니다. 참고하시기를 바랍니다.

　사람이 출세하여 세상을 살아 가기로 하면 자력自力과 타력이 같이 필요하나니 자력은 타력의 근본이 되고 타력은 자력의 근본이 되나니라. 그러므로, 자신할 만한 타력을 얻은 사람은 나무 뿌리가 땅을 만남과 같은지라, 우리는 자신할 만한 법신불法身佛 사은의 은혜와 위력을 알았으니, 이 원만한 사은으로써 신앙의 근원을 삼고 즐거운 일을 당할 때에는 감사를 올리며, 괴로운 일을 당할 때에는 사죄를 올리고, 결정하기 어려운 일을 당할 때에는 결정될 심고와 혹은 설명 기도를 올리며, 난경을 당할 때에는 순경될 심고와 혹은 설명 기도를 올리고, 순경을 당할 때에는 간사하고 망녕된 곳으로 가지 않도록 심고와 혹은 설명 기도를 하자는 것이니, 이 심고와 기도의 뜻을 잘 알아서 정성으로써 계속하면 지성이면 감천으로 자연히 사은의 위력을 얻어 원하는 바를 이룰 것이며 낙있는 생활을 하게 될 것이니라.

　그러나, 심고와 기도하는 서원에 위반이 되고 보면 도리어 사은의 위력으로써 죄벌이 있나니, 여기에 명심하여 거짓된 심고와 기도를 아니하는 것이 그 본의를 아는 사람이라고 할 것이니라.

　심고와 기도를 올릴 때에는「천지 하감지위下鑑之位, 부모 하감지위, 동포 응감지위應鑑之位, 법률 응감지위, 피은자 아무는 법신불 사은 전에 고백하옵나이다.」하고 앞에 말한 범위 안에서 각자의 소회를 따라 심고와 기도를 하되 상대처가 있는 경우에는 묵상 심고와 실지 기도와 설명 기도를 다 할 수 있고, 상대처가 없는 경우에는 묵상 심고와 설명 기도만 하는 것이니, 묵상 심고는 자기 심중으로만 하는 것이요, 실지 기도는 상대처를 따라 직접 당처에 하는 것이요, 설명 기도는 여러 사람이 잘 듣고 감동이 되어 각성이 생기도록 하는 것이니라.

나의 마음공부

• 나는 하루에 몇 번이나 심고를 하나요?

• 내가 가장 간절히 심고 한 때는 언제인가요?

• 진리의 힘을 빌어서 이루고 싶은 내 서원, 소원은 무엇인가요?

• 내 심력^{心力}, 마음의 힘은 얼마나 되나요?

• 자신의 변화에 심고가 얼마나 영향을 미쳤나요?

18

대종사 말씀하시기를
[우리 공부의 요도 삼학三學은
우리의 정신을 단련하여 원만한 인격을 이루는 데에 가장 필요한 법이며,
잠간도 떠날 수 없는 법이니,
예를 들면 육신에 대한 의·식·주衣食住 삼건三件과 다름이 없다 하노라.
즉, 우리의 육신이 이 세상에 나오면 먹고 입고 거처할 집이 있어야 하나니,
만일 한 가지라도 없으면 우리의 생활에 결함이 있게 될 것이요,
우리의 정신에는 수양·연구·취사의 세 가지 힘이 있어야 살 수 있나니,
만일 한 가지라도 부족하다면 모든 일을 원만히 이룰 수 없나니라.

그러므로, 나는 영육쌍전의 견지에서
육신에 관한 의·식·주 삼건과 정신에 관한 일심·알음알이·실행의 삼건을 합하여
육대 강령이라고도 하나니, 이 육대 강령은 서로 떠날 수 없는 관계를 가지고
한 가지 우리의 생명선이 되나니라.

그러나, 보통 사람들은 육신에 관한 세 가지 강령은 소중한 줄 알면서도
정신에 관한 세 가지 강령이 중한 줄은 알지 못하나니,
이 어찌 어두운 생각이 아니리요.
그 실은 정신의 세 가지 강령을 잘 공부하면
육신의 세 가지 강령이 자연히 따라 오는 이치를 알아야 할 것이니,
이것이 곧 본*과 말*을 알아서 행하는 법이니라.]

『대종경』「교의품」 18장

- **영육쌍전 靈肉雙全** : 영적인 삶 곧 정신의 고양을 추구하는 수도의 삶과 육신의 삶 즉 건강하고 건전한 현실 삶을 함께 온전히 완성해 가는 것을 추구하는 사상. 원불교 교리 표어 중 하나로 『원불교교전』 앞부분에 실려 있으며, 공부 工夫와 사업 事業을 병행하여 복 福과 혜 慧를 원만하게 갖추자는 이사병행의 이념과도 상통한다.
- **생명선 生命線** : 생명을 유지하는 데 필요한 중요한 존재나 방도. 삶과 죽음의 경계선.
- **본本과 말末** : 근본과 지엽.

우리 공부의 요도 삼학三學 | 풀이 |

대종사 말씀하시기를
[우리 공부의 요도 삼학三學은

이전 법문들이 주로 신앙에 관한 내용이었다면 여기서부터는
소태산 대종사님이 수행의 강령으로 삼은 삼학에 대한 설명이 시작됩니다.
원불교 수행법의 핵심은 '삼학三學' 입니다.

우리의 정신을 단련하여 원만한 인격을 이루는 데에 가장 필요한 법이며,

그 방법을 여기서는 '정신을 단련' 하는 것으로 설하시는데
다른 말로는 '마음공부' 라고 해도 좋을 것입니다.
또한 삼학 수행의 목적은 결국 '원만한 인격을 이루는' 것입니다.
이 간명한 가르침을 명심해야겠습니다.
자칫하면 다른 샛길로 빠질 수 있기 때문입니다.

잠간도 떠날 수 없는 법이니,

누구에게나 마음 또는 정신은 잠시도 떠날 수 없는 것입니다.
그래서 마음공부, 수행은 '늘' 해야 하는 것이죠.
마음을 잘 쓰는 법, 용심법에 따라 사람의 운명, 행·불행이 좌우되죠.
마음공부, 수행을 한시도 떠날 수 없는 이유입니다.
그래서 상시훈련법常時訓練法, 무시선법無時禪法의 교리로 이어집니다.

예를 들면 육신에 대한 의·식·주衣食住 삼건三件과 다름이 없다 하노라.

즉, 우리의 육신이 이 세상에 나오면 먹고 입고 거처할 집이 있어야 하나니,
만일 한 가지라도 없으면 우리의 생활에 결함이 있게 될 것이요,
우리의 정신에는 수양·연구·취사의 세 가지 힘이 있어야 살 수 있나니,
만일 한 가지라도 부족하다면 모든 일을 원만히 이룰 수 없나니라.

삼학을 의·식·주에 비유해서 그 필요성을 강조하십니다.
삼학으로 '세 가지 힘' (삼대력)을 갖춰야
'모든 일을 원만히 이룰 수' 있다고 하십니다.
마음공부로 마음의 힘을 갖추지 않고는
어떤 일도 제대로 이루기 힘들다는 말씀입니다.

그러므로, 나는 영육쌍전의 견지에서
육신에 관한 의·식·주 삼건과 정신에 관한 일심·알음알이·실행의 삼건을 합하여
육대 강령이라고도 하나니,
이 육대 강령은 서로 떠날 수 없는 관계를 가지고
한 가지 우리의 생명선이 되나니라.

삼학, 정신수양·사리연구·작업취사 세 가지 공부법을
줄여서 수양·연구·취사라고도 했다가
일심·알음알이·실행의 삼건으로 달리 표현해 주셨습니다.
육신의 의·식·주 삼건과 합해서 '생명선' 이라고까지 강조하셨습니다.
삼학공부를 게을리하면 의·식·주의 삼건도 해결하기 어려울 테지만
정신의 생명을 온전히 보전하기 힘들 것입니다.

그러나, 보통 사람들은 육신에 관한 세 가지 강령은 소중한 줄 알면서도
정신에 관한 세 가지 강령이 중한 줄은 알지 못하나니,
이 어찌 어두운 생각이 아니리요.
그 실은 정신의 세 가지 강령을 잘 공부하면

육신의 세 가지 강령이 자연히 따라 오는 이치를 알아야 할 것이니,
이것이 곧 본本과 말末을 알아서 행하는 법이니라.]

삼학, 정신의 삼강령에 대한 소중함을 모르는 이들에 대한
소태산 대종사님의 절절한 안타까움이 드러나는 대목입니다.
온전한 삼학 수행으로 의·식·주까지 온전히 해야겠습니다.
그래야 영과 육이 모두 온전한 영육쌍전靈肉雙全의 삶이 될 것입니다.

나의 마음공부

• 나는 일상에서 삼학 수행을 어떻게 하고 있나요?

• 정신의 삼학과 육신의 의·식·주 사이의 균형을 어떻게 맞추고 있나요?

• 내 '생명선'이 위태로웠던 때는 언제인가요?

• '육대강령' 기준으로 내 삶을 설계해봅니다. 공부 계획과 사업 계획을 구상합니다.

— 일심 / 정신수양 :

— 알음알이 / 사리연구 :

— 실행 / 작업취사 :

— 의 :

— 식 :

— 주 :

19

대종사 말씀하시기를
[보통 사람들의 생활은 한갓 의·식·주를 구하는 데만 힘을 쓰고,
그 의·식·주를 나오게 하는 원리는 찾지 아니하나니 이것이 실로 답답한 일이라,
육신의 의·식·주가 필요하다면 육신 생활을 지배하는 정신에
일심과 알음알이와 실행의 힘은 더 필요할 것이 아닌가.
정신에 이 세 가지 힘이 양성되어야 그에 따라 의·식·주가 잘 얻어질 것이요,
이것으로 그 사람의 원만한 인격도 이루어질 것이며,
각자의 마음 근본을 알고 그 마음을 마음대로 쓰게 되어야
의·식·주를 얻는 데에도 정당한 도가 실천될 것이며,
생·로·병·사를 해탈하여 영생의 길을 얻고
인과의 이치를 알아 혜복을 구하게 될 것이니,
이것이 또한 참답고 영원한 의·식·주 해결의 길이라,
그러므로 정신의 삼강령이 곧 의·식·주 삼건의 근본이 된다 하노라.]

『대종경』「교의품」19장

참답고 영원한 의·식·주 해결의 길 | 풀이 |

대종사 말씀하시기를
[보통 사람들의 생활은 한갓 의·식·주를 구하는 데만 힘을 쓰고,
그 의·식·주를 나오게 하는 원리는 찾지 아니하나니 이것이 실로 답답한 일이라,
육신의 의·식·주가 필요하다면 육신 생활을 지배하는 정신에
일심과 알음알이와 실행의 힘은 더 필요할 것이 아닌가.

앞선 법문에 더해서 부연하십니다.
삼학 수행 없이 의·식·주를 구하는 삶을 '답답한 일'이라고 애달파 하십니다.
정신수양 공부로 '일심'의 힘을 얻고,
사리연구 공부로 '알음알이'의 힘을 얻고,
작업취사 공부로 '실행'의 힘을 얻어야 육신의 의·식·주도 구해진다고 설하십니다.
근본, 원리를 중시하는 대종사님의 가르침입니다.

정신에 이 세 가지 힘이 양성되어야 그에 따라 의·식·주가 잘 얻어질 것이요,
이것으로 그 사람의 원만한 인격도 이루어질 것이며,
각자의 마음 근본을 알고 그 마음을 마음대로 쓰게 되어야
의·식·주를 얻는 데에도 정당한 도가 실천될 것이며,
생·로·병·사를 해탈하여 영생의 길을 얻고
인과의 이치를 알아 혜복을 구하게 될 것이니,
이것이 또한 참답고 영원한 의·식·주 해결의 길이라,

삼학으로 삼대력(수양력, 연구력, 취사력)을 길러야
의·식·주가 잘 얻어지고 원만한 인격도 이뤄질 것이라고 설하십니다.
영생의 길, 혜복을 구하게 되는 것도 여기서 비롯되는 것이니

삼대력을 갖추는 데 최선을 다해야 함을 매우 논리적으로 차근차근 설명해주십니다.

그러므로 정신의 삼강령이 곧 의·식·주 삼건의 근본이 된다 하노라.]

실생활에서는 의·식·주 삼건 해결이 늘 시급한 문제이지만
근본이 되는 정신의 삼강령, 삼학부터 챙기라는 간곡한 부촉의 말씀입니다.
삼학三學이라는 공부길을 성실히 가야
거짓된 의·식·주 해결의 길, 일시적인 의·식·주 해결의 길이 아니라
'참답고 영원한 의·식·주 해결의 길'을 갈 수 있습니다.

나의 마음공부

• 대종사님이 나를 보신다면 '답답하다'고 하실까요? '잘하고 있다'라고 하실까요?

• 진심으로 삼학 공부가 의·식·주 삼건의 '근본'이 된다고 여기고 있나요?

• 혹시 '참답지 못한 의·식·주 해결의 길'을 가고 있는 것은 아닌가요?

• 혹시 '일시적 의·식·주 해결의 길'을 가고 있는 것은 아닌가요?

• 삼학에 바탕해서 '참답고 영원한 의·식·주 해결의 길'을 찾아서 가고 있나요?

대종사 선원 대중에게 말씀하시기를
[재래 사원에서는 염불종念佛宗은 언제나 염불만 하고,
교종敎宗은 언제나 간경看經만 하며,
선종禪宗은 언제나 좌선만 하고,
율종律宗은 언제나 계戒만 지키면서,
같은 불법 가운데 서로 시비 장단을 말하고 있으나

그것은 다 계·정·혜 삼학의 한 과목들이므로
우리는 이것을 병진하게 하되,
매일 새벽에는 좌선을 하게 하고,
낮과 밤에는 경전·강연·회화·의두·성리·일기·염불 등을 때에 맞추어 하게 하여,
이 여러가지 과정으로 고루 훈련하나니,
누구든지 이대로 정진한다면
재래의 훈련에 비하여 몇 배 이상의 실효과를 얻을 수 있으리라.]

『대종경』「교의품」20장

여러가지 과정으로 고루 훈련하나니 | 풀이 |

삼학의 공부길을 알았어도 올바른 방법으로 제대로 수행을 해야
「교의품」19장에서 말씀하신 대로
'정신에 이 세 가지 힘이 양성되어', '그에 따라 의·식·주가 잘 얻어질 것' 입니다.
20장에서는 그 방법을 구체적으로 설명해주십니다.

대종사 선원 대중에게 말씀하시기를
[재래 사원에서는 염불종念佛宗은 언제나 염불만 하고,
교종敎宗은 언제나 간경看經만 하며,
선종禪宗은 언제나 좌선만 하고,
율종律宗은 언제나 계戒만 지키면서,
같은 불법 가운데 서로 시비 장단을 말하고 있으나

「서품」에서 말씀하셨듯이 '편벽된 수행' 의 문제점을 지적하십니다.
몇몇 편중된 과목만 훈련하는 편벽된 수행으로는 원만한 인격을 이룰 수 없습니다.

그것은 다 계·정·혜 삼학의 한 과목들이므로

흔히 지知·정情·의意 삼방면의 인격 완성을 이야기하듯이
삼학 모두를 고루 훈련해야 원만한 수행이 되고 원만한 인격을 형성할 수 있습니다.
편벽된 훈련, 편벽된 수행으로는 편벽된 인격을 형성하게 됩니다.
편식에서 벗어나야 건강해지듯이 원만한 수행을 위해서 이 모든 과목을
균형 있게 종합적으로 훈련해야 합니다.
인격의 빠른 완성을 욕심내지 말고 원만한 인격 완성을 서원해야 합니다.
조급한 수행은 정도를 벗어나게 합니다.

우리는 이것을 병진하게 하되,

염불, 좌선, 경전, 계율 등을 따로따로 공부할 것이 아니라
아울러서 함께 공부하라는 가르침입니다.
대종사님은 늘 병진竝進을 주장하십니다.
원만한 인격 완성을 추구하기 때문입니다.
처음에는 더딘 것 같아도 이 길이 가장 빠른 길입니다.
두 바퀴 탈 것의 양쪽 균형이 잘 잡힌 것과 같기 때문입니다.

매일 새벽에는 좌선을 하게 하고,
낮과 밤에는 경전·강연·회화·의두·성리·일기·염불 등을 때에 맞추어 하게 하여,

'매일', 하루 단위로 병진하도록 하고
새벽, 낮, 밤으로 '때에 맞추어' 병진하도록 하십니다.
매우 합리적인 가르침인데 의외로 이를 무시하는 경우가 많습니다.
인과의 이치에 바탕한 가르침이기 때문에
조급한 마음으로 이 가르침을 어기면 바라는 바를 얻을 수 없습니다.

이 여러가지 과정으로 고루 훈련하나니,
누구든지 이대로 정진한다면
재래의 훈련에 비하여 몇 배 이상의 실효과를 얻을 수 있으리라.]

여러 가지 커리큘럼으로 '고루 훈련' 하므로
원불교에서는 '교종', '선종', '율종' 같은 종파가 나올 수 없습니다.
시간을 '정기' 와 '상시' 로 나누어 수행 과목 전체를 원만하게 수행한다면
'재래 훈련' 보다 '몇 배 이상의 실효과' 를 볼 수 있다고 확언하십니다.
소태산 대종사님이 틈만 나면 원만한 수행을 강조하신 까닭입니다.
과학적으로도 실증할 수 있는 가르침입니다.

나의 마음공부

• 원불교 정기훈련 11과목 가운데 제일 즐겨하는 과목은 무엇인가요?

• 내가 특별히 보완해야 할 과목은 무엇인가요?

• 정신수양, 사리연구, 작업취사의 삼학 중 수행·훈련의 비중은 어떤가요?

• 내 인격은 삼학을 기준으로 할 때 어떤 수준일까요?

• 삼학 병진의 실 효과를 얼마나 체험했나요?

21

또 말씀하시기를
[우리가 경전으로 배울 때에는 삼학이 비록 과목은 각각 다르나,
실지로 공부를 해나가는 데에는 서로 떠날 수 없는 연관이 있어서
마치 쇠스랑의 세 발과도 같나니,
수양을 하는 데에도 연구·취사의 합력이 있어야 할 것이요,
연구를 하는 데에도 수양·취사의 합력이 있어야 할 것이요,
취사를 하는 데에도 수양·연구의 합력이 있어야 하나니라.

그러므로, 삼학을 병진하는 것은 서로 그 힘을 어울려
공부를 지체없이 전진하게 하자는 것이며,
또는 선원에서 대중이 모이어 공부에 대한 의견을 교환하는 것은,
그에 따라 혜두가 고루 발달되어
과한 힘을 들이지 아니하여도 능히 큰 지견을 얻을 수 있게 하자는 것이니라.]

『대종경』「교의품」21장

- 쇠스랑 : 땅을 파헤쳐 고르거나 두엄, 풀 무덤 따위를 쳐내는 데 쓰는 갈퀴 모양의 농기구. 쇠로 서너 개의 발을 만들고 자루를 박아 만든다.

삼학을 병진하는 것은 | 풀이 |

또 말씀하시기를
[우리가 경전으로 배울 때에는 삼학이 비록 과목은 각각 다르나,
실지로 공부를 해나가는 데에는 서로 떠날 수 없는 연관이 있어서
마치 쇠스랑의 세 발과도 같나니,

글로 설명하자니 삼학도 제각각인 것 같지만
실지로 공부를 해보면 함께 병진해야 함을 알게 됩니다.
쇠스랑의 발은 세 개이지만 자루는 하나이듯이
삼학의 과목들이 사실은 하나로 연결된 공부라는 말씀입니다.

운동의 예를 들자면,
정신력·기본 체력·기본 기술 등 세 가지를 모두 갖춰야 하는 것과 같습니다.
어느 하나라도 소홀히 하면 나머지 역량도 키울 수 없는 것과 같습니다.
훈련을 골고루 할 때 원만한 능력의 운동선수가 될 수 있는 것과 같습니다.

수양을 하는 데에도 연구·취사의 합력이 있어야 할 것이요,
연구를 하는 데에도 수양·취사의 합력이 있어야 할 것이요,
취사를 하는 데에도 수양·연구의 합력이 있어야 하나니라.

정신수양·사리연구·작업취사 즉 정·혜·계가 셋이 아니라 하나인 것입니다.

그러므로, 삼학을 병진하는 것은 서로 그 힘을 어울려
공부를 지체없이 전진하게 하자는 것이며,
또는 선원에서 대중이 모이어 공부에 대한 의견을 교환하는 것은,

그에 따라 혜두가 고루 발달되어
과한 힘을 들이지 아니하여도 능히 큰 지견을 얻을 수 있게 하자는 것이니라.]

개인적으로도 삼학을 병진해야 하고
대중이 함께 훈련하면 쉽게 수행의 목적을 달할 수 있다고 설하십니다.
상시훈련은 주로 개인적으로 하고 정기훈련은 대중과 함께하는 이유이기도 합니다.
소태산 대종사님은 모든 사람이 원만한 인격을 이뤄야 한다고 보셨습니다.
그래서 수행 역시 원만한 수행이어야 한다고 설하십니다.
따라서 삼학을 병진해야 하고 구체적인 훈련 과목도 함께 고루 훈련해야 한다고
설하십니다.
원만한 수행을 위한 대안 제시가 과거 수행에 대한 혁신이 된 것입니다.

나의 마음공부

• 삼학이 쇠스랑의 세 발과 같음을 생활 속에서 경험해보았나요?

• 삼학 병진의 방법을 얼마나 터득했나요?

• 대중과 함께하는 공부의 효과를 체험해보았나요?

• 나는 얼마나 원만한 수행을 하고 있나요?

• 나는 원만한 인격을 어느 정도 완성하고 있나요?

대종사 말씀하시기를
[공부하는 사람은
세상의 천만 경계에 항상 삼학의 대중을 놓지 말아야 할 것이니,
삼학을 비유하여 말하자면 배를 운전하는데 지남침 같고 기관수 같은지라,
지남침과 기관수가 없으면 그 배가 능히 바다를 건너지 못할 것이요,
삼학의 대중이 없으면 사람이 능히 세상을 잘 살아 나가기가 어렵나니라.]

『대종경』「교의품」 22장

- **경계 境界** : 인과의 이치에 따라서 일상생활 속에서 부딪치게 되는 모든 일들. 곧 나와 관계되는 일체의 대상을 말한다. 이 경우, 나를 주관 主觀이라고 할 때 일체의 객관 客觀이 경계가 된다. 생로병사 · 희로애락 · 빈부귀천 · 시비이해 · 염정미추 · 삼독오욕 · 부모형제 · 춘하추동 · 동서남북 등 인간생활에서 맞게 되는 모든 일과 환경이 다 경계이다. 한편, 시비 · 선악이 분간되는 한계를 말하기도 하며, 수행으로 도달한 결과를 말하기도 한다. 그 밖에 일이나 물건이 어떤 표준하에 서로 이어 맞닿는 자리를 말하기도 하며 이 경우, 경계 · 계경 · 계역 따위가 혼용될 수 있다.
- **대중** : 대강 어림잡아 헤아림. 어떠한 표준이나 기준.
- **지남침 指南針** : 자침으로 항상 남북을 가리키도록 만든 기구.

천만 경계에 항상 삼학의 대중을 놓지 말아야 | 풀이 |

대종사 말씀하시기를
[공부하는 사람은
세상의 천만 경계에 항상 삼학의 대중을 놓지 말아야 할 것이니,

우리를 둘러싼 모든 환경이 '신앙인' 에게는 '은혜' 입니다.
한편 '공부하는 사람', 수행자에게는 모두 다 '경계' 입니다.
경계를 대할 때마다 삼학 수행을 해야 하죠.
그래서 '늘' 삼학 수행을 해야 하고, 그래서 무시선無時禪무처선無處禪입니다.

'삼학의 대중' 없이 경계를 대하면 모든 경계는 해로움과 위기로 변합니다.
'삼학의 대중' 있게 경계를 대하면 모든 경계는 은혜와 기회로 변합니다.
이 대중심의 유무에 따라 행복과 불행, 진급과 강급이 나뉩니다.
경계는 같아도 경계에 응하는 삼학의 실력은 사람마다 다르죠.
그래서 인생의 결과가 사람마다 다른 것 같습니다.

「무시선법無時禪法」에서 대종사님은 이렇게 말씀하십니다.
'경계를 대할 때마다 공부할 때가 돌아온 것을 염두에 잊지 말고
항상 끌리고 안 끌리는 대중만 잡아갈지니라.'

삼학을 비유하여 말하자면 배를 운전하는데 지남침 같고 기관수 같은지라,
지남침과 기관수가 없으면 그 배가 능히 바다를 건너지 못할 것이요,
삼학의 대중이 없으면 사람이 능히 세상을 잘 살아 나가기가 어렵나니라.]

지남침이 없는 배는 바다에서 길을 잃고

삼학 수행 없는 사람은 세상에서 길을 잃고 맙니다.
대종사님의 안타까움이 묻어나는 법문입니다.

어떤 역경과 난경이 닥쳐도
삼학 수행으로 공부길을 잡은 사람은 인생길도 바로 찾아갈 수 있으니
삼학을 '수행의 강령', '공부의 요도'라고 하셨나 봅니다.

칠흑 같은 어둠 속에서도 산더미만한 파도 속에서도
늘 남쪽을 가리키는 지남침指南針 같이
공부하는 사람은 늘 삼학의 대중으로 천만 경계를 헤쳐 나갑니다.

나의 마음공부

• 자신의 삶이 항로를 잃은 배와 같다고 느낀 경우는 언제인가요?

• 그 경계를 어떻게 극복했나요?

• 나는 살아가면서 만나는 '경계'를 얼마나 알아차리고 있나요?

• 알아차린 '경계' 가운데 '삼학의 대중'으로 응하는 경계가 얼마나 되나요?

• '삼학의 대중'을 얼마나 잘 잡고 있나요?

대종사 말씀하시기를
[나의 교화하는 법은 비하건대
나무의 가지와 잎사귀로부터 뿌리에 이르게도 하고,
뿌리로부터 가지와 잎사귀에 이르게도 하나니,
이는 각각 그 사람의 근기를 따라 법을 베푸는 연고이니라.]

『대종경』「교의품」 23장

• 근기 根機 : 교법 敎法을 받아들여 성취할 품성과 능력의 정도. 근기 根機는 물건의 근본되는 힘인 근근과 발동 發動함인 기機가 합성된 용어로서 기근 機根이라고도 하는데 부처님의 가르침을 듣고 그대로 발동할 수 있는 능력에 따라 중생을 분류한 것이다. 곧 부처님의 교화에 의해 발동할 수 있도록 중생의 마음 가운데 본래부터 가지고 있는 능력의 차등을 의미하며 상근기 上根機 · 중근기 中根機 · 하근기 下根機가 있다.

그 사람의 근기를 따라 | 풀이 |

대종사 말씀하시기를
[나의 교화하는 법은 비하건대

사람 따라 다르게 지도하는 대종사님의 모습을 본 제자가
그 이유를 궁금해하니 이런 응답을 하신 것 같습니다.
'교화'란 사람을 상대로 하는 것이니 사람마다 교화 방법이 달라야겠죠.

나무의 가지와 잎사귀로부터 뿌리에 이르게도 하고,
뿌리로부터 가지와 잎사귀에 이르게도 하나니,
이는 각각 그 사람의 근기를 따라 법을 베푸는 연고이니라.]

부처님은 '대기설법對機說法'을 하신다는 말이 있습니다.
근기에 맞게 법을 설한다는 말씀입니다.
소태산 대종사님도 자신의 교화법을 논리학의 귀납법, 연역법과 같이
다양한 방법으로 사람에 따라 적절하게 하고 있다고 토로하십니다.
교화를 위한 처처불상 사사불공의 자비 방편인 것입니다.

『대종경』「신성품」 2장을 참고해서 각자의 근기를 성찰해 봅시다.

대종사 말씀하시기를 [모든 공부인의 근기根機가 천층 만층으로 다르나 대체로 그를 상·중·하 세 근기로 구분하나니, 상근기는 정법을 보고 들을 때에 바로 판단과 신심이 생겨나서 모든 공부를 자신하고 행하는 근기요, 중근기는 자세히 아는 것도 없고 혹은 모르지도 아니하여 항상 의심을 풀지 못하고 법과 스승을 저울질하는 근기요, 하근기는 사邪와 정正의 분별도 없으며 계교와 의심도 내지 아니하여 인도하면 인도하는 대로 순응하는 근기

라, 이 세 가지 근기 가운데 도가에서 가장 귀히 알고 요구하는 것은 상근기이니, 이 사람은 자기의 공부도 지체함이 없을 것이요, 도문의 사업도 날로 확장하게 할 것이며, 둘째로 가히 인도할 만한 것은 하근기로서 독실한 신심이 있는 사람이니, 이 사람은 비록 자신은 없다 할지라도, 법을 중히 알고 스승을 돈독히 믿는 데 따라 그 진행하는 정성이 쉬지 않으므로 필경은 성공할 수 있나니라. 그러나, 그 중에 가장 가르치기 힘들고 변덕이 많은 것은 중근기니, 이 사람은 법을 가벼이 알고 스승을 업신 여기기 쉬우며, 모든 일에 철저한 발원과 독실한 성의가 없으므로 공부나 사업이나 성공을 보기가 대단히 어렵나니라. 그러므로, 중근기 사람들은 그 근기를 뛰어 넘는 데에 공을 들여야 할 것이며 하근기로서도 혹 바로 상근기의 경지에 뛰어 오르는 사람이 있으나, 만일 그렇지 못하고, 중근기의 과정을 밟아 올라가게 될 때에는 그 때가 또한 위험하나니 주의하여야 하나니라.]

나의 마음공부

• 나의 근기는 어떤 근기인가요?

• 나는 '잎사귀'에서 '뿌리'로 가는 방법을 좋아하나요? 아니면 그 반대인가요?

• 내 근기에 맞는 공부법을 찾았나요?

• 내 스승님의 지도법은 어떤 방식인가요?

송도성(宋道性)이 여쭙기를
[제가 전 일에 옛 성인의 경전도 혹 보았고 그 뜻의 설명도 들어보았사오나
그 때에는 한갓 읽어서 욀 뿐이요, 도덕의 참 뜻이 실지로 해득되지 못하옵더니
대종사를 뵈온 후로는 차차 사리에 밝아짐이 있사오나,
알고 보니 전에 보던 그 글이요, 전에 듣던 그 말씀이온데,
어찌하여 모든 것이 새로 알아지는 감이 있사온지 그 이유를 알고자 하나이다.]
대종사 말씀하시기를
[옛 경전은, 비유하여 말하자면, 이미 지어 놓은 옷과 같아서
모든 사람의 몸에 고루 다 맞기가 어려우나
직접 구전심수(口傳心授)로 배우는 것은
그 몸에 맞추어 새 옷을 지어 입는 것과 같아서 옷이 각각 그 몸에 맞으리니,
각자의 근기와 경우를 따라 각각 그에 맞는 법으로 마음 기틀을 계발하는 공부가
어찌 저 고정한 경전만으로 하는 공부에 비할 바이리요.]

『대종경』「교의품」24장

- **구전심수 口傳心授** : 스승이 제자에게 법을 말로 전해주고 마음으로 가르쳐 주는 것. 제자를 사랑하는 스승의 자비심이 지극한 경지로 스승이 말로 전해주고 제자가 마음으로 받아들이는 것이다. 법을 배우는 제자의 정성이 지극한 경지이다.

직접 구전심수口傳心授로 | 풀이 |

송도성宋道性이 여쭙기를
[제가 전 일에 옛 성인의 경전도 혹 보았고 그 뜻의 설명도 들어보았사오나
그 때에는 한갓 읽어서 욀 뿐이요, 도덕의 참 뜻이 실지로 해득되지 못하옵더니
대종사를 뵈온 후로는 차차 사리에 밝아짐이 있사오나,
알고 보니 전에 보던 그 글이요, 전에 듣던 그 말씀이온데,
어찌하여 모든 것이 새로 알아지는 감이 있사온지 그 이유를 알고자 하나이다.]

소태산 대종사님을 스승님으로 모시고 받든 제자의 법열에 찬 질문입니다.
스승님의 지도를 받으니 더 쉽게 지혜를 얻게 되는 이유가 궁금합니다.

대종사 말씀하시기를
[옛 경전은, 비유하여 말하자면, 이미 지어 놓은 옷과 같아서
모든 사람의 몸에 고루 다 맞기가 어려우나
직접 구전심수口傳心授로 배우는 것은
그 몸에 맞추어 새 옷을 지어 입는 것과 같아서 옷이 각각 그 몸에 맞으리니,
각자의 근기와 경우를 따라 각각 그에 맞는 법으로 마음 기틀을 계발하는 공부가
어찌 저 고정한 경전만으로 하는 공부에 비할 바이리요.]

구전심수가 효과적인 까닭을 설명해주십니다.
'각자의 근기와 경우를 따라 그에 맞는 법으로 마음 기틀을 계발' 해주기 때문입니다.
제자의 근기에 맞고 상황에 맞는 지도법이 효과를 높이는 것이죠.
대종사님의 「상시훈련법」에 '문답, 감정, 해오' 등이 중요하게 등장하는 이유입니다.
그저 경전을 읽거나 설법을 듣는 것으로는 부족합니다.
수행자라면 스승님과 가까이해서 구전심수의 지도를 받도록 노력해야 합니다.

『정전』「상시훈련법」 중 '교당내왕시 주의사항' 내용을 참고합니다.

1. 상시 응용 주의 사항으로 공부하는 중 어느 때든지 교당에 오고 보면 그 지낸 일을 일일이 문답하는 데 주의할 것이요,
2. 어떠한 사항에 감각된 일이 있고 보면 그 감각된 바를 보고하여 지도인의 감정 얻기를 주의할 것이요,
3. 어떠한 사항에 특별히 의심나는 일이 있고 보면 그 의심된 바를 제출하여 지도인에게 해오解悟 얻기를 주의할 것이요,(이하 생략)

나의 마음공부

• 나에게 '구전심수'를 해주실 스승님이 있나요?

• 나는 '구전심수'를 어떻게 받고 있나요?

• 내가 누군가의 지도인이라면 '구전심수'를 잘하고 있나요?

25

목사 한 사람이 말하기를
[예로부터 어느 교단을 막론하고 대개 계율戒律을 말하였으나
저의 생각으로는 그것이 도리어 사람의 순진한 천성을 억압하고
자유의 정신을 속박하여 사람을 교화하는데 적지 않은 지장이 되는가 하나이다.]
대종사 말씀하시기를
[어떠한 점에서 그러한 생각을 하게 되었는가.]
목사 말하기를
[세상 사람들이 종교의 진리를 이해하지 못하여 공연히 배척하는 수도 없지 않지마는
대개는 교리의 신성함은 느끼면서도 사실로 믿음에 들지 않는 것은
그 이면에 계율을 꺼리어 주저하는 수도 적지 않사오니
이러한 사람들은 계율이 없었으면 구제의 범위에 들었을 것이 아니오니까.]
대종사 말씀하시기를
[귀하는 다만 그러한 사람들이 제도의 범위에 들지 못하는 것만 애석히 알고
다른 곳에 큰 영향이 미칠 것은 생각지 아니하는가.
우리에게도 서른 가지 계문이 있으나
한 가지도 삭제할 만한 것이 없으므로 그대로 지키게 하노라.
다만 계율을 주는 방법에 있어서는 사람의 정도를 따라 계단적으로 주나니,
누구나 처음 입교하면 저 세상에서 젖은 습관이 쉽게 떨어지지 않을 것이므로
그들에게 능히 지킬 만한 정도로 먼저 십계를 주고
또 계단을 밟는 대로 십계씩을 주며
삼십계를 다 마친 후에는 계율을 더 주지 아니하고 자유에 맡기나니,
그 정도에 이른 사람은 부당한 일과 당연한 일을 미리 알아 행하는 까닭이니라.

그러나, 그렇지 못한 사람은 도저히 그대로 방임할 수 없나니
자각있는 공부인과 초학자 다스리는 방식이 어찌 서로 같을 수 있으리오.
세상에는 어리석은 사람이 더 많거늘
방금 귀하의 주장은 천만인 가운데 한두 사람에게나 적당할 법이라
어찌 한두 사람에게 적당할 법으로 천만인을 등한시하리오.

또는, 사람이 혼자만 생활한다면 자행자지하여도 별 관계가 없을지 모르나
세상은 모든 법망法網이 정연히 벌여 있고 일반 사회가 고루 보고 있나니,
불의의 행동을 자행한다면 어느 곳을 향하여 설 수 있겠는가.
그러므로, 나는 생각하기를 사람이 세상에 나서면 일동 일정을 조심하여
엷은 얼음 밟는 것 같이 하여야 인도에 탈선됨이 없을 것이며,
그러므로 공부인에게 계율을 주지 않을 수 없다 하노라.]

『대종경』「교의품」 25장

공부인에게 계율을 주지 않을 수 없다　|풀이|

목사 한 사람이 말하기를
[예로부터 어느 교단을 막론하고 대개 계율戒律을 말하였으나
저의 생각으로는 그것이 도리어 사람의 순진한 천성을 억압하고
자유의 정신을 속박하여 사람을 교화하는데 적지 않은 지장이 되는가 하나이다.]
대종사 말씀하시기를

이 법문에서는 계율의 존재 이유에 대한 질의응답이 진행됩니다.

[어떠한 점에서 그러한 생각을 하게 되었는가.]
목사 말하기를
[세상 사람들이 종교의 진리를 이해하지 못하여 공연히 배척하는 수도 없지 않지마는
대개는 교리의 신성함은 느끼면서도 사실로 믿음에 들지 않는 것은
그 이면에 계율을 꺼리어 주저하는 수도 적지 않사오니
이러한 사람들은 계율이 없었으면 구제의 범위에 들었을 것이 아니오니까.]

교화에 지장이 되는 계율을 차라리 없애서 교화를 촉진하자는 질문자의 논리입니다.

대종사 말씀하시기를
[귀하는 다만 그러한 사람들이 제도의 범위에 들지 못하는 것만 애석히 알고
다른 곳에 큰 영향이 미칠 것은 생각지 아니하는가.

대종사님은 계문이 사회에 미치는 영향을 말씀하십니다.
대종사님은 질문자 목사가 생각하는 '제도의 범위' 보다
훨씬 큰 제도의 범위를 생각하고 계신 것이죠.

교화의 근본 목적을 다시 생각하게 하는 법문입니다.

우리에게도 서른 가지 계문이 있으나
한 가지도 삭제할 만한 것이 없으므로 그대로 지키게 하노라.
다만 계율을 주는 방법에 있어서는 사람의 정도를 따라 계단적으로 주나니,
누구나 처음 입교하면 저 세상에서 젖은 습관이 쉽게 떨어지지 않을 것이므로
그들에게 능히 지킬 만한 정도로 먼저 십계를 주고
또 계단을 밟는 대로 십계씩을 주며

대종사님은 계문이 필요 없다는 질문자의 주장에 동의하지 않습니다.
'한 가지도 삭제할 만한 것이 없' 다고 단언하십니다.
하지만 '사람의 정도'에 따라 점진적으로 계문을 지키게 한다고 설명하십니다.

삼십계를 다 마친 후에는 계율을 더 주지 아니하고 자유에 맡기나니,
그 정도에 이른 사람은 부당한 일과 당연한 일을 미리 알아 행하는 까닭이니라.
그러나, 그렇지 못한 사람은 도저히 그대로 방임할 수 없나니
자각있는 공부인과 초학자 다스리는 방식이 어찌 서로 같을 수 있으리오.

여기서 매우 중요한 내용이 나옵니다.
삼십계문을 다 지키는 단계를 지나면 더 이상 계문을 주지 않는 이유입니다.
'부당한 일과 당연한 일을 미리 알아 행' 할 수 있기 때문입니다.
옳고 그름을 구분하고 정의와 불의를 스스로 가려서 행할 수 있어야
비로소 삼십 가지로 정해진 계문에서 자유로울 수 있는 것입니다.
이런 수행자들은 계율 정신을 내면화하고 실행력을 갖췄기 때문에
더 이상 삼십 계문으로 규율할 필요가 사라져버린 것입니다.
결국 인격과 수행력이 일정 수준에 오를 때까지는 반드시 계문이 필요한 것입니다.

세상에는 어리석은 사람이 더 많거늘
방금 귀하의 주장은 천만인 가운데 한두 사람에게나 적당할 법이라
어찌 한두 사람에게 적당할 법으로 천만인을 등한시하리오.

현실적으로도 계문이 필요 없는 단계에 이른 사람은 많지 않다고 보셨습니다.

또는, 사람이 혼자만 생활한다면 자행자지하여도 별 관계가 없을지 모르나
세상은 모든 법망法網이 정연히 벌여 있고 일반 사회가 고루 보고 있나니,
불의의 행동을 자행한다면 어느 곳을 향하여 설 수 있겠는가.

대종사님은 사람의 행동이 미치는 사회적 영향을 심중하게 고려하십니다.
'법률은' 과 밀접한 내용입니다.

그러므로, 나는 생각하기를 사람이 세상에 나서면 일동 일정을 조심하여
엷은 얼음 밟는 것 같이 하여야 인도에 탈선됨이 없을 것이며,
그러므로 공부인에게 계율을 주지 않을 수 없다 하노라.]

사람으로서 마땅히 가야 할 길에서 벗어나지 않으려면 반드시 계율을 지켜야 합니다.
공부인이라면 계율을 지켜야 하는 이유입니다.
대종사님은 이런 관점을 견지하기 때문에 계율 무용론을 일축하십니다.

나의 마음공부

• 내가 지키려고 노력하는 계문은 몇 개이고 어떤 내용인가요?

• 내 법위에 맞는 계문을 준수하고 있나요?

• 원불교 삼십 계문 이외에 내가 따로 정해서 지키는 계문(심계心戒)이 있나요?

26

대종사 부산 지방에 가시었더니,
교도 몇 사람이 와서 뵈옵고 말하기를
[저희들이 대종사의 법을 한량없이 흠앙하오나,
다만 어업으로써 생계를 삼으므로 항상 첫 계문을 범하게 되오니,
이것이 부끄러워 스스로 퇴굴심이 나나이다.]
대종사 말씀하시기를
[근심하지 말라. 사람의 생업生業은 졸지에 바꾸기 어렵나니,
그대들의 받은 삼십 계문 가운데에 그 한 계문은 비록 범한다 할지라도
그 밖의 스물 아홉 계를 성심으로 지킨다면
능히 스물 아홉 선을 행하여 사회에 무량한 공덕이 나타나리니,
어찌 한 조목을 수행하지 못한다 하여 가히 지킬 만한 남은 계문까지 범하게 되어
더욱 죄고의 구렁에 들어가리요.
또는, 남은 계문을 다 능히 지키면 그 한 계문도 자연히 지킬 길이 생기게 되리니
이와 같은 신념으로 공부에 조금도 주저하지 말라.]

『대종경』「교의품」26장

한 계문은 비록 범한다 할지라도 　| 풀이 |

대종사 부산 지방에 가시었더니,
교도 몇 사람이 와서 뵈옵고 말하기를
[저희들이 대종사의 법을 한량없이 흠앙하오나,
다만 어업으로써 생계를 삼으므로 항상 첫 계문을 범하게 되오니,
이것이 부끄러워 스스로 퇴굴심이 나나이다.]

삼십 계문의 첫 번째 불살생不殺生 계문을 어기는
어업 종사 교도들의 고민에 대종사님이 답하시는 내용입니다.

대종사 말씀하시기를
[근심하지 말라. 사람의 생업生業은 졸지에 바꾸기 어렵나니,
그대들의 받은 삼십 계문 가운데에 그 한 계문은 비록 범한다 할지라도
그 밖의 스물 아홉 계를 성심으로 지킨다면
능히 스물 아홉 선을 행하여 사회에 무량한 공덕이 나타나리니,
어찌 한 조목을 수행하지 못한다 하여 가히 지킬 만한 남은 계문까지 범하게 되어
더욱 죄고의 구렁에 들어가리요.

현재 계문은 '연고緣故 없이 살생을 말며' 입니다.
교단 초기에는 '연고' 가 없었다는 설도 있습니다.
대종사님은 어업에 종사하는 것을 어떻게 보셨을까요?
이 법문의 내용만 보자면 일단 '범계犯戒' 로 보셨습니다.
하지만 대범하게 나머지 계문을 잘 지키면 된다고 열린 답변을 해주십니다.
계문 지키기의 엄중함으로 인해 소승적 결론에 이르기보다는
나머지 29개 계문의 지계持戒로 '사회에 무량한 공덕' 을 생산하게 하십니다.

교의품

계문의 본래 목적을 반조하게 하는 법문입니다.

또는, 남은 계문을 다 능히 지키면 그 한 계문도 자연히 지킬 길이 생기게 되리니 이와 같은 신념으로 공부에 조금도 주저하지 말라.]

인과의 이치에 따라 상황도 변화할 것을 믿게 하시고
'조금도 주저하지 말라' 고 안심시킵니다.
생활 속에서 계문을 지킬 때 유념해야 할 법문입니다.

나의 마음공부

• 내 형편상 부득이 지키지 못하는 계문은 무엇인가요?

• 일부 계문을 지키지 못해서 나머지 계문 지키기도 포기한 경우가 있나요?

• 내가 가장 중점을 두고 지키려는 계문은 무엇인가요?

• 내 삶이 사회에 미치는 부정적 영향을 생각해 봅니다.

• 내 삶이 사회에 미치는 긍정적 영향을 생각해 봅니다.

27

대종사 선원에 출석하여 말씀하시기를
[이인의화李仁義華가 지금 큰 발심이 나서 영업하는 것도 잊어 버리고,
예회를 본다 선원에 참예한다 하여 그 신성이 대단하므로
상을 주는 대신에 이 시간을 인의화에게 허락하노니 물을 일이 있거든 물어보라.]
인의화 여쭙기를
[어떤 사람이 너희 교에서는 무엇을 가르치고 배우느냐고 묻는다면 어떻게 대답하오리까.]
대종사 말씀하시기를
[원래 불교는 일체유심조一切唯心造 되는 이치를 스스로 깨쳐 알게 하는 교이니
그 이치를 가르치고 배운다고 하면 될 것이요,
그 이치를 알고 보면 불생불멸의 이치와 인과보응의 이치까지도 다 해결되나니라.]
또 여쭙기를
[그 이치를 안 후에는 어떻게 공부를 하나이까.]
대종사 말씀하시기를
[마음이 경계를 대하여 요란하지도 않고 어리석지도 않고 그르지도 않게 하나니라.]

『대종경』「교의품」27장

- 일체유심조 一切唯心造 : 인간 세상의 모든 일을 인간의 마음이 들어서 짓는다는 것. 곧 길흉화복 吉凶禍福 · 흥망성쇠 興亡盛衰 · 희로애락 喜怒哀樂 등이 다 밖으로부터 오는 것이 아니요 인간의 마음이 들어서 그렇게 만든다는 것이 기본적인 의미이다. 각자의 마음이 들어서 온갖 조화를 다 부려 시비 선악을 가져오게 된다는 의미이다. 그러나 소승 · 대승 등 불교의 다양한 교파에 따라 그 의미가 일치되는 것은 아니다.

너희 교에서는 무엇을 가르치고 배우느냐 | 풀이 |

대종사 선원에 출석하여 말씀하시기를
[이인의화李仁義華가 지금 큰 발심이 나서 영업하는 것도 잊어 버리고,
예회를 본다 선원에 참예한다 하여 그 신성이 대단하므로
상을 주는 대신에 이 시간을 인의화에게 허락하노니 물을 일이 있거든 물어보라.]
인의화 여쭙기를
[어떤 사람이 너희 교에서는 무엇을 가르치고 배우느냐고 묻는다면 어떻게
대답하오리까.]

원불교(그 당시 '불법연구회')의 핵심 교의를 묻는 말입니다.
아마도 주변 사람들의 질문에 간명하게 응답하기 어려웠기 때문일 수 있습니다.

대종사 말씀하시기를
[원래 불교는 일체유심조一切唯心造 되는 이치를 스스로 깨쳐 알게 하는 교이니
그 이치를 가르치고 배운다고 하면 될 것이요,
그 이치를 알고 보면 불생불멸의 이치와 인과보응의 이치까지도 다 해결되나니라.]

소태산 대종사님의 핵심 가르침이 '마음공부', '마음 사용하는 법',
'용심법用心法'임을 알 수 있는 대목입니다.
대각의 내용인 '불생불멸의 진리와 인과보응의 이치' 역시
'마음'의 깨달음과 직결되어 있다고 설하십니다.
신앙과 수행의 두 축이 하나임을 말씀하십니다.

또 여쭙기를
[그 이치를 안 후에는 어떻게 공부를 하나이까.]

대종사 말씀하시기를
[마음이 경계를 대하여 요란하지도 않고 어리석지도 않고 그르지도 않게 하나니라.]

마음, 진리를 깨달은 다음에는
경계를 응할 때마다 마음을 잘 사용하면 된다고 간명하게 말씀하십니다.
공부길을 알았으면 인생길을 잘 가면 되는 것입니다.
앞부분이 '견성' 의 소식이라면 뒷부분은 '성불' 의 소식일 것입니다.
『정전』「일상수행의 요법」 1조, 2조, 3조와 일치하는 내용입니다.

나의 마음공부

• '일체유심조'의 가르침을 얼마나 믿고 있나요?

• '일체유심조'의 가르침을 얼마나 깨닫고 있나요?

• 천만 경계에 응해서도 '일체유심조'의 이치를 잘 활용하고 있나요?

28

대종사 김영신에게 물으시기를
[사람이 세상에서 생활하기로 하면 어떠한 것이 제일 긴요한 것이 되겠느냐.]
영신이 사뢰기를
[의·식·주에 관한 것이 제일 긴요하다고 생각하나이다.] 또 물으시기를
[네가 학교에서 배운 여러 과목 중에서는 어떠한 과목이 제일 긴요한 것이 되겠느냐.]
영신이 사뢰기를
[수신하는 과목이 제일 긴요하다고 생각되나이다.]
대종사 말씀하시기를
[네 말이 옳도다. 사람이 육신 생활하는 데에는 의·식·주가 중요하고
공부를 하는 데에는 수신이 중요하나니,
이는 곧 의·식·주나 수신이 생활과 공부의 근본이 되는 까닭이니라.
그러나 지금 학교에서 가르치는 수신 과목만으로는
수신의 법이 충분하지 못할 것이요,
오직 마음 닦는 공부를 주장하는 도가가 아니면 그 진경을 다 발휘하지 못할 것이니,
그러므로 도학 공부는 모든 학술의 주인이요,
모든 공부의 근본이 되는 줄을 항상 명심하라.]

『대종경』「교의품」28장

• **수신 修身** : 악을 물리치고 선을 북돋아 심신을 닦는 일. 심신 동작을 법도에 맞게 하는 것. 『정전』에서는 '법률 피은의 강령'에 개인에 있어서 수신하는 법률이라 언급되어 있고, '최초법어'에 수신의 요법 4개 조항이 실려 있다. 『대학』의 팔조목 중에 다섯 번째 조목.

도학 공부 | 풀이 |

대종사 김영신에게 물으시기를
[사람이 세상에서 생활하기로 하면 어떠한 것이 제일 긴요한 것이 되겠느냐.]
영신이 사뢰기를
[의·식·주에 관한 것이 제일 긴요하다고 생각하나이다.] 또 물으시기를
[네가 학교에서 배운 여러 과목 중에서는 어떠한 과목이 제일 긴요한 것이 되겠느냐.]
영신이 사뢰기를
[수신하는 과목이 제일 긴요하다고 생각되나이다.]

대종사님은 제자들과의 문답을 통해서 마음공부의 중요성을 강조하십니다.

대종사 말씀하시기를
[네 말이 옳도다. 사람이 육신 생활하는 데에는 의·식·주가 중요하고
공부를 하는 데에는 수신이 중요하나니,
이는 곧 의·식·주나 수신이 생활과 공부의 근본이 되는 까닭이니라.
그러나 지금 학교에서 가르치는 수신 과목만으로는
수신의 법이 충분하지 못할 것이요,
오직 마음 닦는 공부를 주장하는 도가가 아니면 그 진경을 다 발휘하지 못할 것이니,
그러므로 도학 공부는 모든 학술의 주인이요,
모든 공부의 근본이 되는 줄을 항상 명심하라.]

의·식·주가 중요하지만 수신修身이 근본이 되어야 하고,
수신도 도가道家의 '마음 닦는 공부'가 근본이 되어야 한다고 설하십니다.
초지일관 마음공부를 근본으로 삼는 대종사님의 관점이 잘 드러나고 있습니다.

물질적 풍요를 구하기 위한 지식과 정보는 넘쳐나지만
원만한 인격 양성, 도덕과 마음공부는 경시되는 세태에 경종을 울리는 법문입니다.
근본에 힘써야 '정신개벽'이 가능하고
그래야 '광대무량한 낙원'도 열릴 것입니다.

나의 마음공부

• 마음을 닦는 '마음공부'를 어떻게 하고 있나요?

• 몸을 닦는, 심신작용을 법도에 맞게 하는 '수신修身'을 어떻게 하고 있나요?

• '도가道家' 또는 '종교가'의 사명은 무엇이라고 생각하나요?

29

대종사 선원 대중에게 물으시기를
[그대들은 여기서 무엇을 배우느냐고 묻는 이가 있다면 어떻게 대답하겠는가.] 하시니,
한 선원(禪員)은 [삼대력 공부를 한다 하겠나이다.] 하고,
또 한 선원은 [인생의 요도를 배운다 하겠나이다.] 하며,
그 밖에도 여러 사람의 대답이 한결같지 아니한지라,
대종사 들으시고 말씀하시기를
[그대들의 말이 다 그럴 듯 하나
나도 또한 거기에 부연하여 한 말 하여 주리니 자세히 들으라.
무릇 무슨 문답이나 그 상대편의 인물과 태도에 따라
그 때에 적당한 대답을 하여야 할 것이나,
대체적으로 대답한다면
나는 모든 사람들의 마음 작용하는 법을 가르친다고 할 것이며,
거기에 다시 부분적으로 말하자면
지식 있는 사람에게는 지식 사용하는 방식을,
권리 있는 사람에게는 권리 사용하는 방식을,
물질 있는 사람에게는 물질 사용하는 방식을,
원망 생활하는 사람에게는 감사 생활하는 방식을,
복 없는 사람에게는 복 짓는 방식을,

타력 생활하는 사람에게는 자력 생활하는 방식을,
배울 줄 모르는 사람에게는 배우는 방식을,
가르칠 줄 모르는 사람에게는 가르치는 방식을,
공익심 없는 사람에게는 공익심이 생겨나는 방식을 가르쳐 준다고 하겠노니,
이를 몰아 말하자면
모든 재주와 모든 물질과 모든 환경을
오직 바른 도로 이용하도록 가르친다 함이니라.]

『대종경』「교의품」29장

마음 작용하는 법을 가르친다 | 풀이 |

대종사 선원 대중에게 물으시기를
[그대들은 여기서 무엇을 배우느냐고 묻는 이가 있다면 어떻게 대답하겠는가.] 하시니,
한 선원(禪員)은 [삼대력 공부를 한다 하겠나이다.] 하고,
또 한 선원은 [인생의 요도를 배운다 하겠나이다.] 하며,
그 밖에도 여러 사람의 대답이 한결같지 아니한지라,
대종사 들으시고 말씀하시기를
[그대들의 말이 다 그럴 듯 하나
나도 또한 거기에 부연하여 한 말 하여 주리니 자세히 들으라.

제자들의 대답에 덧붙여 설명하고 싶은 말씀이 있었나 봅니다.

무릇 무슨 문답이나 그 상대편의 인물과 태도에 따라
그 때에 적당한 대답을 하여야 할 것이나,
대체적으로 대답한다면
나는 모든 사람들의 마음 작용하는 법을 가르친다고 할 것이며,

역시 '마음 작용하는 법', '마음을 사용하는 법', '용심법'을 또 강조하십니다.

거기에 다시 부분적으로 말하자면
지식 있는 사람에게는 지식 사용하는 방식을,
권리 있는 사람에게는 권리 사용하는 방식을,
물질 있는 사람에게는 물질 사용하는 방식을,
원망 생활하는 사람에게는 감사 생활하는 방식을,
복 없는 사람에게는 복 짓는 방식을,

타력 생활하는 사람에게는 자력 생활하는 방식을,
배울 줄 모르는 사람에게는 배우는 방식을,
가르칠 줄 모르는 사람에게는 가르치는 방식을,
공익심 없는 사람에게는 공익심이 생겨나는 방식을 가르쳐 준다고 하겠노니,

평범한 내용들을 사례로 말씀하시지만
「일상수행의 요법」 내용과 거의 같음을 알 수 있습니다.

이를 몰아 말하자면
모든 재주와 모든 물질과 모든 환경을
오직 바른 도로 이용하도록 가르친다 함이니라.]

'마음 작용하는 법'을 알아서 잘 실행해야
'모든 재주와 모든 물질과 모든 환경'도
'오직 바른 도로 이용'할 수 있습니다.
마음을 제대로 사용할 줄 모르면
다른 모든 것도 제대로 사용할 수 없는 것이죠.

천지가 개벽되듯이 물질문명이 발달했는데
인간들은 왜 물욕의 노예로 전락해서 불행해할까요?
자신들이 가진 것들이 없어서가 아니라
자신들이 가진 것들을 잘 사용할 줄 몰라서 그런 것 아닐까요?

우리 인간들이 이미 가지고 있는 것들을 잘 사용하려면
무엇부터 해야 할까요?
대종사님은 '마음'부터 잘 쓸 줄 알아야 한다고 보셨습니다.
마음을 잘 사용해야, 만물도 잘 사용할 수 있다고.

소태산 대종사님이 원불교를 연 목적도 여기에 있고
수많은 가르침의 핵심도 여기에 있음을 다시 강조하십니다.

마음을 잘 사용해야, 만물도 잘 사용되고,
그래야 이 세상은 은혜로 가득한 '광대무량한 낙원'이 될 것입니다.
마음을 잘 사용하지 못하고, 만물도 잘 사용하지 못하면
천만 죄고의 '파란고해'로 되고 말 것입니다.

나의 마음공부

• 내 '지식'을 얼마나 잘 사용하고 있나요?

• 내 '권리'를 얼마나 잘 사용하고 있나요?

• 내 소유의 '물질'을 얼마나 잘 사용하고 있나요?

• 내 '마음'을 얼마나 잘 사용하고 있나요?

• '마음을 잘 사용'하는 기준은 무엇일까요?

30

또 말씀하시기를
[지금 세상은 물질문명의 발전을 따라
사·농·공·상에 대한 학식과 기술이 많이 진보되었으며,
생활 기구도 많이 화려하여졌으므로 이 화려한 물질에 눈과 마음이 황홀하여지고
그 반면에 물질을 사용하는 정신은 극도로 쇠약하여,
주인된 정신이 도리어 물질의 노예가 되고 말았으니
이는 실로 크게 근심될 현상이라.

이 세상에 아무리 좋은 물질이라도 사용하는 마음이 바르지 못하면
그 물질이 도리어 악용되고 마는 것이며,
아무리 좋은 재주와 박람 박식이라도 그 사용하는 마음이 바르지 못하면
그 재주와 박람 박식이 도리어 공중에 해독을 주게 되는 것이며,
아무리 좋은 환경이라도 그 사용하는 마음이 바르지 못하면
그 환경이 도리어 죄업을 돕지 아니하는가.

그러므로, 천하에 벌여진 모든 바깥 문명이 비록 찬란하다 하나
오직 마음 사용하는 법의 조종 여하에 따라 이 세상을 좋게도 하고 낮게도 하나니,
마음을 바르게 사용하면
모든 문명이 다 낙원을 건설하는데 보조하는 기관이 되는 것이요,
마음을 바르지 못하게 사용하면
모든 문명이 도리어 도둑에게 무기를 주는 것과 같이 되나니라.

그러므로, 그대들은 새로이 각성하여
이 모든 법의 주인이 되는 용심법^{用心法}을 부지런히 배워서
천만 경계에 항상 자리이타로 모든 것을 선용^{善用}하는 마음의 조종사가 되며,
따라서 그 조종 방법을 여러 사람에게 교화하여
물심양면으로 한 가지 참 문명 세계를 건설하는 데에 노력할지어다.]

『대종경』「교의품」30장

- 박람博覽 : 책을 두루 많이 읽음.
- 박식博識 : 지식이 넓고 아는 것이 많음.

참 문명 세계를 건설하는 데에 노력할지어다 | 풀이 |

또 말씀하시기를
[지금 세상은 물질문명의 발전을 따라
사·농·공·상에 대한 학식과 기술이 많이 진보되었으며,
생활 기구도 많이 화려하여졌으므로 이 화려한 물질에 눈과 마음이 황홀하여지고
그 반면에 물질을 사용하는 정신은 극도로 쇠약하여,
주인된 정신이 도리어 물질의 노예가 되고 말았으니
이는 실로 크게 근심될 현상이라.

『정전』「개교의 동기」와 같은 내용입니다.
원불교라는 종교를 연 배경입니다.

이 세상에 아무리 좋은 물질이라도 사용하는 마음이 바르지 못하면
그 물질이 도리어 악용되고 마는 것이며,
아무리 좋은 재주와 박람 박식이라도 그 사용하는 마음이 바르지 못하면
그 재주와 박람박식이 도리어 공중에 해독을 주게 되는 것이며,
아무리 좋은 환경이라도 그 사용하는 마음이 바르지 못하면
그 환경이 도리어 죄업을 돕지 아니하는가.

'사용하는 마음이 바르지 못하면' 이라는 대목이 세 번이나 반복됩니다.
대종사님의 가르침의 목적이 결국은
'사용하는 마음을 바르게' 하는 것임을 알 수 있습니다.
그렇게 하지 못하면 모든 환경이 죄업의 자료가 되고 말 것을 경고하십니다.

그러므로, 천하에 벌여진 모든 바깥 문명이 비록 찬란하다 하나
오직 마음 사용하는 법의 조종 여하에 따라 이 세상을 좋게도 하고 낮게도 하나니,
마음을 바르게 사용하면
모든 문명이 다 낙원을 건설하는데 보조하는 기관이 되는 것이요,
마음을 바르지 못하게 사용하면
모든 문명이 도리어 도둑에게 무기를 주는 것과 같이 되나니라.

대종사님은 '마음을 바르게 사용' 하느냐 못 하느냐에 따라
인류 문명의 운명이 좌우될 것임을 단언하십니다.

그러므로, 그대들은 새로이 각성하여
이 모든 법의 주인이 되는 용심법用心法을 부지런히 배워서
천만 경계에 항상 자리이타로 모든 것을 선용善用하는 마음의 조종사가 되며,

'마음사용하는 법', '용심법', '천만 경계에 항상 자리이타로 모든 것을 선용' 등으로
표현을 달리하면서 마음공부의 필요성을 역설하십니다.

따라서 그 조종 방법을 여러 사람에게 교화하여
물심양면으로 한 가지 참 문명 세계를 건설하는 데에 노력할지어다.]

내가 먼저 '마음의 조종사' 가 되어
'마음 사용법' 을 사람들에게 알리는 것이 바로 '교화' 의 본질인 것입니다.
결론적으로 이 마음공부를 사람들이 제대로 해야 비로소
'참 문명 세계를 건설' 할 수 있는 것이죠.
참 문명이란 '물심양면' 으로 조화롭게 균형이 잡힌 '병진' 과 '쌍전' 의 문명입니다.

나의 마음공부

- 나는 어떤 경우, 경계에 '물질의 노예'가 되나요?

- 어떤 경계에서 내 마음이 바르게 사용되지 않은지를 잘 알아차리나요?

- 나는 '용심법'을 얼마나 잘 알고 사용하고 있나요?

• '천만 경계에 항상 자리이타로 모든 것을 선용善用하는 마음의 조종사'가 되었나요?

• '마음의 조종사'가 되어 사람들에게 그 방법을 알려주고 있나요?

• 용심법을 잘 배우고 실천하면 참 문명 건설이 될까요?

31

대종사 말씀하시기를
[안으로 정신문명을 촉진하여 도학을 발전시키고
밖으로 물질문명을 촉진하여 과학을 발전시켜야
영육이 쌍전하고 내외가 겸전하여 결함 없는 세상이 되리라.

그러나, 만일 현대와 같이 물질문명에만 치우치고 정신문명을 등한시하면
마치 철 모르는 아이에게 칼을 들려 준 것과 같아서
어느 날 어느 때에 무슨 화를 당할 지 모를 것이니,
이는 육신은 완전하나 정신에 병이 든 불구자와 같고,
정신문명만 되고 물질문명이 없는 세상은
정신은 완전하나 육신에 병이 든 불구자와 같나니,
그 하나가 충실하지 못하고 어찌 완전한 세상이라 할 수 있으리요.

그러므로, 내외 문명이 병진되는 시대라야 비로소
결함 없는 평화 안락한 세계가 될 것이니라.]

『대종경』「교의품」31장

- **쌍전 雙全** : 두 쪽 또는 두 가지 일이 모두 온전하거나 완전하다.
- **겸전 兼全** : 여러 가지를 완전하게 갖춤.

영육이 쌍전하고 내외가 겸전하여 결함 없는 세상 | 풀이 |

대종사 말씀하시기를
[안으로 정신문명을 촉진하여 도학을 발전시키고
밖으로 물질문명을 촉진하여 과학을 발전시켜야
영육이 쌍전하고 내외가 겸전하여 결함 없는 세상이 되리라.

안과 밖, 정신문명과 물질문명, 도학과 과학, 영과 육 중에서
한쪽을 배제하거나 한쪽에 치우치지 말아야 합니다.
둘 다 잘 챙겨야 온전해져서 '쌍전雙全'이 되고,
모두 다 온전하게 잘 챙겨야 완전해져서 '겸전兼全'이 됩니다.

그러나, 만일 현대와 같이 물질문명에만 치우치고 정신문명을 등한시하면
마치 철 모르는 아이에게 칼을 들려 준 것과 같아서
어느 날 어느 때에 무슨 화를 당할 지 모를 것이니,
이는 육신은 완전하나 정신에 병이 든 불구자와 같고,

물질문명에만 '치우친' 현대 문명을 크게 경고하십니다.
건전한 정신의 통제를 벗어난 물질문명의 위험성을
칼을 가진 철없는 아이, 정신이 병든 불구자에 비유하십니다.
대종사님의 현대문명에 대한 심각한 경고입니다.

정신문명만 되고 물질문명이 없는 세상은
정신은 완전하나 육신에 병이 든 불구자와 같나니,
그 하나가 충실하지 못하고 어찌 완전한 세상이라 할 수 있으리요.

물질문명을 도외시하고 정신에 '치우친' 문명에 대해서도
육신이 병든 불구자로 비유하십니다.
이런 문명 또한 완전치 못한 세상이라고 경계하십니다.

그러므로, 내외 문명이 병진되는 시대라야 비로소
결함 없는 평화 안락한 세계가 될 것이니라.]

결국 정신문명과 물질문명을 조화롭게 발전시켜야
소태산 대종사님이 꿈꾸는 '결함 없는 평화 안락한 세계'
'광대무량한 낙원' 세상이 꽃피어날 것입니다.

나의 마음공부

• 내 삶은 정신과 물질 중 어느 쪽에 '치우쳐' 있나요?

• 그 균형과 조화를 이루기 위해서 어떤 노력을 하고 있나요?

• 우리가 살아가는 현대 문명의 치유를 위해 내가 해야 할 일은 무엇인가요?

• 내 삶은 얼마나 '평화 안락' 한가요?

• '평화 안락' 한 내 삶을 위한 나의 계획은 무엇인가요?

32

대종사 말씀하시기를
[세상 사람들이 물질문명과 도덕문명의 두 가지 혜택으로
그 생활에 한없는 편리와 이익을 받게 되나니,
여러 발명가와 도덕가에게 늘 감사하지 아니할 수 없나니라.

그러나, 물질문명은 주로 육신 생활에 편리를 주는 것이므로
그 공효가 바로 현상에 나타나기는 하나 그 공덕에 국한이 있으며,
도덕문명은 원래 형상 없는 사람의 마음을 단련하는 것이므로
그 공효가 더디기는 하나 그 공덕에 국한이 없나니,
제생의세濟生醫世하는 위대한 힘이 어찌 물질문명에 비할 것이며,
그 광명이 어찌 한 세상에 그치고 말 것이리요.

그러나, 지금 사람들은 아직까지 나타난 물질문명은 찾을 줄 알면서도
형상 없는 도덕문명을 찾는 사람은 적으니 이것이 당면한 큰 유감이니라.]

『대종경』「교의품」32장

- **공효 功效** : 공들인 보람이나 효과.
- **공덕 功德** : 착한 일을 하여 쌓은 업적과 어진 덕.
- **제생의세 濟生醫世** : 일체생령을 도탄으로부터 건지고 병든 세상을 치료한다는 뜻. 곧 이 세상은 질병·기아·무지·폭력·인권유린 등으로 병들어 있으며, 병든 세상에서 인간이 온갖 고통을 받고 있으므로 세상의 병을 다스리고 인간을 고통으로부터 벗어나게 하는데 성의를 다하자는 것. 성불제중과 같은 의미로 쓰이나 제생의세는 '제중'에 더 비중을 둔 개념으로 세상의 병맥을 진단하고 치료하는 데 적극 참여할 것을 촉구하는 개념이다. 세상이 병든 원인이 여러 가지 있으나 가장 근본적인 원인은 크게 발전된 물질문명에 비해 정신문명이 발전되지 못하여 문명이 균형을 잃게 되었고 그로 인해 정신이 물질의 지배를 받게 된 때문이다.
- **유감 遺憾** : 마음에 차지 아니하여 섭섭하거나 불만스럽게 남아 있는 느낌.

도덕문명-제생의세濟生醫世하는 위대한 힘　　| 풀이 |

대종사 말씀하시기를
[세상 사람들이 물질문명과 도덕문명의 두 가지 혜택으로
그 생활에 한없는 편리와 이익을 받게 되나니,
여러 발명가와 도덕가에게 늘 감사하지 아니할 수 없나니라.

'물질이 개벽되니 정신을 개벽하자' 라는 개교의 목적 실현에
대종사님은 초지일관하십니다.
이 법문에서도 물질문명과 도덕문명의 발전에 기여한 이들에 대한
감사를 표하면서 두 문명의 조화로운 발전에 대한 말씀을 시작하십니다.

그러나, 물질문명은 주로 육신 생활에 편리를 주는 것이므로
그 공효가 바로 현상에 나타나기는 하나 그 공덕에 국한이 있으며,
도덕문명은 원래 형상 없는 사람의 마음을 단련하는 것이므로
그 공효가 더디기는 하나 그 공덕에 국한이 없나니,

도덕문명의 공덕이 무한히 큼을 칭송하십니다.

제생의세濟生醫世하는 위대한 힘이 어찌 물질문명에 비할 것이며,
그 광명이 어찌 한 세상에 그치고 말 것이리요.

물질문명에 치우치면 창생은 파란고해에 빠지게 됩니다.
이들을 고통에서 건져내고 상처를 치유하려면 도덕문명이 발전해야 합니다.
'한 세상에 그치'지 않는 '제생의세하는 위대한 힘'이 필요합니다.

그러나, 지금 사람들은 아직까지 나타난 물질문명은 찾을 줄 알면서도 형상 없는 도덕문명을 찾는 사람은 적으니 이것이 당면한 큰 유감이니라.]

'당면한 큰 유감'을 솔직히 토로하십니다.
이 유감을 극복하기 위해서 교문을 여신 것이겠죠.
주세불 소태산 대종사님의 사명, 개교의 원동력을 알 수 있는 법문입니다.
우리 제자들이 계승해야 할 바도 바로 여기에 있습니다.
도덕문명의 발전에 앞장서서 '제생의세의 위대한 힘'을 발휘해야겠습니다.

나의 마음공부

• 내 삶에서 가장 큰 '유감遺憾'은 무엇인가요?

• 내가 감사하는 발명가와 도덕가는 누구인가요?

• 나는 나를 고통에서 건져냈나요?

• 내가 생각하는 '도덕문명'의 모습과 내용은?

• 나는 '제생의세하는 위대한 힘'을 얼마나 가지고 있나요?

33

대종사 말씀하시기를
[과거에는 부처님께서 모든 출가 수행자에게
잘 입으려는 것과 잘 먹으려는 것과 잘 거처하려는 것과
세상 낙을 즐기려는 것들을 다 엄중히 말리시고
세상 낙에 욕심이 나면 오직 심신을 적적하게 만드는 것으로만
낙을 삼으라 하시었으나,

나는 가르치기를 그대들은 정당한 일을 부지런히 하고
분수에 맞게 의·식·주도 수용하며,
피로의 회복을 위하여 때로는 소창도 하라 하노니,
인지가 발달되고 생활이 향상되는 이 시대에
어찌 좁은 법만으로 교화를 할 수 있으리요.
마땅히 원융圓融한 불법으로 개인·가정·사회·국가·세계에
두루 활용되게 하여야 할 것이니 이것이 내 법의 주체이니라.]

『대종경』「교의품」 33장

- **적적**寂寂**하다** : 조용하고 쓸쓸하다. 하는 일 없이 심심하다.
- **소창** 消暢 : 심심하거나 갑갑한 마음을 풀어 후련하게 함.
- **원융** 圓融 : 모든 현상이 각각의 속성을 잃지 않으면서 서로 걸림 없이 원만하게 하나로 융합되어 있는 모습. 한데 통하여 아무 차별이 없음. 원만하여 서로 막히는 데가 없음.

원융圓融한 불법으로 두루 활용 　| 풀이 |

대종사 말씀하시기를
[과거에는 부처님께서 모든 출가 수행자에게
잘 입으려는 것과 잘 먹으려는 것과 잘 거처하려는 것과
세상 낙을 즐기려는 것들을 다 엄중히 말리시고
세상 낙에 욕심이 나면 오직 심신을 적적하게 만드는 것으로만
낙을 삼으라 하시었으나,

과거 불교의 일반적 경향을 대략 설명하고 있습니다.

나는 가르치기를 그대들은 정당한 일을 부지런히 하고
분수에 맞게 의·식·주도 수용하며,
피로의 회복을 위하여 때로는 소창도 하라 하노니,

현재의 시점에서 보자면 별스럽지 않다고도 할 수 있지만
여기서 언급된 내용은 매우 혁신적인 것입니다.
아직도 타 전통 종교에서는 받아들이기 힘든 내용일 수 있습니다.

인지가 발달되고 생활이 향상되는 이 시대에
어찌 좁은 법만으로 교화를 할 수 있으리요.

대종사님이 이렇게 혁신적인 주장을 펴는 이유는
'인지가 발달되고 생활이 향상되는' 시대적 배경 때문이고,
'좁은 법' 만으로는 '교화' 를 제대로 하기 힘들다고 판단하셨기 때문입니다.

마땅히 원융圓融한 불법으로 개인·가정·사회·국가·세계에
두루 활용되게 하여야 할 것이니 이것이 내 법의 주체이니라.]

'원융한 불법'은 무엇일까요?
'개인 · 가정 · 사회 · 국가 · 세계에 두루 활용' 되는 교법입니다.
대종사님께서 불교를 혁신해서 새로운 교법을 편 이유입니다.
모든 중생을 제도하려면 원융한 불법이 필요했기 때문입니다.

나의 마음공부

- 내가 배운 원불교 교법을 언제 어디서나 '두루 활용' 하고 있나요?

- '정당한 일을 부지런히' 하면서 마음공부도 잘하고 있나요?

- '분수에 맞게 의·식·주도 수용' 하면서 마음공부도 잘하고 있나요?

- '피로 회복을 위한 소창' 도 잘하면서 신앙 수행도 잘하고 있나요?

- 원불교의 교법이 '원융한 불법' 이라고 생각하나요?

34

대종사 영산에서 선원 대중에게 말씀하시기를
[지금 세상은 전에 없던 문명한 시대가 되었다 하나
우리는 한갓 그 밖으로 찬란하고 편리한 물질문명에만 도취할 것이 아니라,
마땅히 그에 따르는 결함과 장래의 영향이 어떠할 것을 잘 생각해 보아야 할 것이니,
지금 세상은 밖으로 문명의 도수가 한층 나아갈수록
안으로 병맥病脈의 근원이 깊어져서
이것을 이대로 놓아 두다가는 장차 구하지 못할 위경에 빠지게 될지라,
세도世道에 관심을 가진 사람들로 하여금
깊은 근심을 금하지 못하게 하는 바이니라.

그러면, 지금 세상은 어떠한 병이 들었는가.
첫째는 돈의 병이니,
인생의 온갖 향락과 욕망을 달성함에는 돈이 먼저 필요하다는 것을 알게 된 사람들은
의리나 염치보다 오직 돈이 중하게 되어 이로 인하여 모든 윤기倫氣가 쇠해지고
정의情誼가 상하는 현상이라 이것이 곧 큰 병이며,

둘째는 원망의 병이니,
개인·가정·사회·국가가 서로 자기의 잘못은 알지 못하고 저 편의 잘못만 살피며,
남에게 은혜 입은 것은 알지 못하고 나의 은혜 입힌 것만을 생각하여,
서로서로 미워하고 원망함으로써 크고 작은 싸움이 그칠 날이 없나니,
이것이 곧 큰 병이며,

셋째는 의뢰의 병이니,
이 병은 수 백년 문약(文弱)의 폐를 입어 이 나라 사람에게 더욱 심한 바로서
부유한 집안 자녀들은 하는 일 없이 놀고 먹으려 하며,
자기의 친척이나 벗 가운데에라도 혹 넉넉하게 사는 사람이 있으면
거기에 의세하려 하여 한 사람이 벌면 열 사람이 먹으려 하는 현상이라
이것이 곧 큰 병이며,

넷째는 배울 줄 모르는 병이니,
사람의 인격이 그 구분(九分)은 배우는 것으로 이루어지는지라
마치 벌이 꿀을 모으는 것과 같이 어느 방면 어느 계급의 사람에게라도
나에게 필요한 지식이 있다면 반드시 몸을 굽혀 그것을 배워야 할 것이어늘
세상 사람들 중에는 제 각기 되지 못한 아만심에 사로잡혀
그 배울 기회를 놓치고 마는 수가 허다하나니, 이것이 곧 큰 병이며,

다섯째는 가르칠 줄 모르는 병이니,
아무리 지식이 많은 사람이라도 그 지식을 사물에 활용할 줄 모르거나,
그것을 펴서 후진에게 가르칠 줄을 모른다면
그것은 알지 못함과 다름이 없는 것이어늘
세상 사람들 중에는 혹 좀 아는 것이 있으면 그것으로 자만(自慢)하고 자긍(自矜)하여
모르는 사람과는 상대도 아니하려 하는 수가 허다하나니, 이것이 곧 큰 병이며,

여섯째는 공익심이 없는 병이니,
과거 수 천년 동안 내려온 개인주의가 은산철벽같이 굳어져서
남을 위하여 일하려는 사람은 근본적으로 드물 뿐 아니라
일시적 어떠한 명예에 끌려서 공중사를 표방하고 무엇을 하다가도
다시 사심의 발동으로 그 일을 실패 중지하여
이로 말미암아 모든 공익 기관이 거의 피폐하는 현상이라 이것이 곧 큰 병이니라.]

『대종경』「교의품」34장

- 도수度數 : 운도의 법수法數. 천지가 한번 크게 바뀌는 것. 성·주·괴·공成住壞空이 한번 바뀌는 것. 선천先天과 후천後天이 바뀌는 것은 곧 도수가 한번 바뀌는 것이다. 정산 종사는 수행 여하에 따라 사람이 진급과 강급이 되기도 하지만, 천지의 운행하는 도수에 따라 자연으로 진급과 강급이 되기도 한다고 했다(『정산종사법어』「원리편」, 37장). 성현은 천지가 바뀌는 도수를 보아서 거기에 맞게 회상을 편다고 한다. 거듭하는 횟수. 각도·온도 등의 크기를 나타내는 수.
- 병맥病脈 : 병자의 맥박.
- 위경危境 : 위태로운 처지, 경계.
- 세도世道 : 세상을 올바르게 다스리는 도리. 세상을 살아가는 데에 지켜야 할 도의.
- 윤기倫氣 : 사람과 사람 사이에 서로 지켜야 할 도리를 지키고 행하여 통하게 되는 기운. 윤기가 통해야 심심상련心心相連 하여 심법心法이 건너게 된다.
- 정의情誼 : 서로 사귀어 친하여진 정.
- 의세倚勢 : 세력을 믿고 재거나 억지를 씀.
- 자만自慢 : 자신이나 자신과 관련 있는 것을 스스로 자랑하며 뽐냄.
- 자긍自矜 : 스스로에게 긍지를 가짐. 또는 그 긍지.
- 은산철벽銀山鐵壁 : 주장이 너무 강하여 아무리 설득해도 결코 굽히지 않는 고집이나 그런 사람을 비유하여 가리키는 말.
- 피폐疲弊 : 지치고 쇠약하여짐.

지금 세상은 어떠한 병이 들었는가 | 풀이 |

대종사 영산에서 선원 대중에게 말씀하시기를
[지금 세상은 전에 없던 문명한 시대가 되었다 하나
우리는 한갓 그 밖으로 찬란하고 편리한 물질문명에만 도취할 것이 아니라,

대종사님은 화려하고 편리한 물질문명에 도취되지 말라는 경계의 말씀을 하십니다.

마땅히 그에 따르는 결함과 장래의 영향이 어떠할 것을 잘 생각해 보아야 할 것이니,
지금 세상은 밖으로 문명의 도수가 한층 나아갈수록
안으로 병맥病脈의 근원이 깊어져서
이것을 이대로 놓아 두다가는 장차 구하지 못할 위경에 빠지게 될지라,

현대 물질문명의 위기가 심각함을 경고하십니다.
마음의 눈이 밝지 않으면 깊어지는 병맥을 알지 못합니다.

세도世道에 관심을 가진 사람들로 하여금
깊은 근심을 금하지 못하게 하는 바이니라.

세상을 구원할 뜻을 품고 그 도를 찾는 이들의 근심이 커지는 이유입니다.

그러면, 지금 세상은 어떠한 병이 들었는가.
첫째는 돈의 병이니,
인생의 온갖 향락과 욕망을 달성함에는 돈이 먼저 필요하다는 것을 알게 된 사람들은
의리나 염치보다 오직 돈이 중하게 되어 이로 인하여 모든 윤기倫氣가 쇠해지고
정의情誼가 상하는 현상이라 이것이 곧 큰 병이며,

욕망을 채우기 위해 돈을 갈구하게 되고 윤리나 인정은 뒷전으로 밀려납니다.
마음공부 없이는 탐욕에 빠져 욕망과 돈의 노예가 될 수밖에 없습니다.

둘째는 원망의 병이니,
개인·가정·사회·국가가 서로 자기의 잘못은 알지 못하고 저 편의 잘못만 살피며,
남에게 은혜 입은 것은 알지 못하고 나의 은혜 입힌 것만을 생각하여,
서로서로 미워하고 원망함으로써 크고 작은 싸움이 그칠 날이 없나니,
이것이 곧 큰 병이며,

매사에 은혜를 느끼고 알아 보은을 해야 하는데 오히려 원망을 하니
서로 탓하고 미워하고 싸워서 평화를 멀어지게 하고 있습니다.
『정전』「사은」에서 상세하게 풀이되고 있는 내용입니다.

셋째는 의뢰의 병이니,
이 병은 수 백년 문약文弱의 폐를 입어 이 나라 사람에게 더욱 심한 바로서
부유한 집안 자녀들은 하는 일 없이 놀고 먹으려 하며,
자기의 친척이나 벗 가운데에라도 혹 넉넉하게 사는 사람이 있으면
거기에 의세하려 하여 한 사람이 벌면 열 사람이 먹으려 하는 현상이라
이것이 곧 큰 병이며,

『정전』「사요」의 '자력양성' 교리와 상관된 내용입니다.

넷째는 배울 줄 모르는 병이니,
사람의 인격이 그 구분九分은 배우는 것으로 이루어지는지라
마치 벌이 꿀을 모으는 것과 같이 어느 방면 어느 계급의 사람에게라도
나에게 필요한 지식이 있다면 반드시 몸을 굽혀 그것을 배워야 할 것이어늘
세상 사람들 중에는 제 각기 되지 못한 아만심에 사로잡혀
그 배울 기회를 놓치고 마는 수가 허다하나니, 이것이 곧 큰 병이며,

『정전』「사요」의 '지자본위' 교리와 상관된 내용입니다.

다섯째는 가르칠 줄 모르는 병이니,
아무리 지식이 많은 사람이라도 그 지식을 사물에 활용할 줄 모르거나,
그것을 펴서 후진에게 가르칠 줄을 모른다면
그것은 알지 못함과 다름이 없는 것이어늘
세상 사람들 중에는 혹 좀 아는 것이 있으면 그것으로 자만自慢하고 자긍自矜하여
모르는 사람과는 상대도 아니하려 하는 수가 허다하나니, 이것이 곧 큰 병이며,

『정전』「사요」의 '타자녀교육' 교리와 상관된 내용입니다.

여섯째는 공익심이 없는 병이니,
과거 수 천년 동안 내려온 개인주의가 은산철벽같이 굳어져서
남을 위하여 일하려는 사람은 근본적으로 드물 뿐 아니라
일시적 어떠한 명예에 끌려서 공중사를 표방하고 무엇을 하다가도
다시 사심의 발동으로 그 일을 실패 중지하여
이로 말미암아 모든 공익 기관이 거의 피폐하는 현상이라 이것이 곧 큰 병이니라.]

『정전』「사대강령」의 '무아봉공無我奉公' 교리와 상관된 내용입니다.

이 법문에서 소태산 대종사님은 세상의 큰 병으로 여섯 가지를 짚었습니다.
이 병들은 이미 『정전』에서 제시한 '사은 사요'의 신앙 강령과 '삼학 팔조'의
수행 강령 구조를 거의 그대로 가져온 것입니다. 또한 원불교 교리 강령을 일상생활
속에서 실천하도록 만든 「일상수행의 요법」 아홉 가지 조목과도 거의 같습니다.

물질문명에 치우친 삶으로 인한 병들을 이 법문과 같이 열거하고 이 병들을 치료하는
법들은 이미 주요 교리에서 제시한 것입니다.

원불교 주요 교리가 모두 담긴 「일상수행의 요법」을 참고하시기 바랍니다.

1. 심지心地는 원래 요란함이 없건마는 경계를 따라 있어지나니,
   그 요란함을 없게 하는 것으로써 자성自性의 정定을 세우자.
2. 심지는 원래 어리석음이 없건마는 경계를 따라 있어지나니,
   그 어리석음을 없게 하는 것으로써 자성의 혜慧를 세우자.
3. 심지는 원래 그름이 없건마는 경계를 따라 있어지나니,
   그 그름을 없게 하는 것으로써 자성의 계戒를 세우자.
4. 신과 분과 의와 성으로써 불신과 탐욕과 나와 우를 제거하자.
5. 원망 생활을 감사 생활로 돌리자.
6. 타력 생활을 자력 생활로 돌리자.
7. 배울 줄 모르는 사람을 잘 배우는 사람으로 돌리자.
8. 가르칠 줄 모르는 사람을 잘 가르치는 사람으로 돌리자.
9. 공익심 없는 사람을 공익심 있는 사람으로 돌리자.

대종사님은 이 세상의 병을 진단하고 완전한 치료 방법까지 제시하셨습니다.
소태산 대종사님이 '주세主世 부처님' 이신 이유입니다.

- **주세불 主世佛** : 말세에 출현하여 새로운 정법회상을 열어 세상을 바로잡고 모든 중생을 구제하는 부처님. 영산회상靈山會上을 열어 법륜을 굴려 온 석가모니불과 말세에 새 회상 일원대도 一圓大道를 열어 정법을 새로 굴린 소태산 대종사를 가리킨다. 주세성자 主世聖者 또는 구세주라고도 하며, 교법이 일반 성자들의 가르침보다 뛰어난 바가 있는 성자이다. 정산 종사는 '소태산 대종사성비 少太山大宗師聖碑' 에서 소태산을 '뭇 성이 모여 크게 이루었다(集群聖而大成)' 라 하여 원불교를 새 회상, 소태산을 새 주세불로 천명했다.

나의 마음공부

- 나는 어느 정도로 '돈의 병'에 걸렸나요?

- 나는 어느 정도로 '원망의 병'에 걸렸나요?

- 나는 어느 정도로 '의뢰의 병'에 걸렸나요?

- 나는 어느 정도로 '배울 줄 모르는 병'에 걸렸나요?

- 나는 어느 정도로 '가르칠 줄 모르는 병'에 걸렸나요?

- 나는 어느 정도로 '공익심 없는 병'에 걸렸나요?

대종사 이어서 말씀하시기를
[그런즉 이 병들을 고치기로 할진대 무엇보다 먼저 도학을 장려하여
분수에 편안하는 도와, 근본적으로 은혜를 발견하는 도와,
자력 생활하는 도와, 배우는 도와, 가르치는 도와, 공익 생활하는 도를 가르쳐서
사람 사람으로 하여금 안으로 자기를 반성하여
각자의 병든 마음을 치료하게 하는 동시에,
선병자의先病者醫라는 말과 같이 밖으로
세상을 관찰하여 병든 세상을 치료하는 데에 함께 노력하여야 할지니,

지금 세상의 이 큰 병을 치료하는 큰 방문은
곧 우리 인생의 요도인 사은 사요와 공부의 요도인 삼학 팔조라,
이 법이 널리 세상에 보급된다면 세상은 자연 결함 없는 세계가 될 것이요,
사람들은 모두 불보살이 되어 다시없는 이상의 천국에서
남녀노소가 다 같이 낙원을 수용하게 되리라.]

『대종경』「교의품」35장

- **방문 方文** : 약을 짓기 위하여 약 이름과 약의 분량을 적은 종이.
- **선병자의 先病者醫** : 병을 먼저 앓아본 사람은 뒤에 병을 앓게 되는 사람에게 병에 관해서는 스승이 될 수 있다는 말. 병을 앓아본 것이 소중한 체험이 되기 때문에 그 체험을 바탕으로 해서 다음에 병을 앓게 되는 사람에게 치료의 방법을 가르쳐 줄 수 있다는 표현이다.

이 병들을 고치기로 할진대 | 풀이 |

대종사 이어서 말씀하시기를
[그런즉 이 병들을 고치기로 할진대 무엇보다 먼저 도학을 장려하여
분수에 편안하는 도와, 근본적으로 은혜를 발견하는 도와,
자력 생활하는 도와, 배우는 도와, 가르치는 도와, 공익 생활하는 도를 가르쳐서

앞서 나열한 병들에 대한 치료 방안에 대해 말씀하십니다.
이 병들이 육신의 병이 아니라 마음의 병이기 때문에
그 처방도 결국은 마음공부에서 찾습니다.
'인과의 이치'를 중시하는 대종사님답게 병의 원인을 찾고
그 병의 치료를 위해 치료법을 찾아 제시하는 과정이 매우 합리적입니다.

사람 사람으로 하여금 안으로 자기를 반성하여
각자의 병든 마음을 치료하게 하는 동시에,
선병자의先病者醫라는 말과 같이 밖으로
세상을 관찰하여 병든 세상을 치료하는 데에 함께 노력하여야 할지니,

먼저 사람마다 각자의 삶을 '반성'해서 병을 스스로 찾아야 하고,
'병든 마음'을 스스로 '치료'해서 건강을 되찾아야 합니다.
그리고 자신의 치료에 그치지 않고 '병든 세상을 치료'하는 데 노력해야 합니다.
이 과정이 바로 제생의세, 성불제중의 과정이라고 하겠습니다.
마음 병을 극복해봐야 비로소 다른 사람의 마음 병을 치유할 수 있습니다.

지금 세상의 이 큰 병을 치료하는 큰 방문은
곧 우리 인생의 요도인 사은 사요와 공부의 요도인 삼학 팔조라,

소태산 대종사님은 자신만의 확실한 처방전을 가지고 계십니다.
원불교의 교법입니다.
마음공부를 잘하면 인생길을 찾을 수 있고 행복하고 은혜로운 삶을 살 수 있습니다.

이 법이 널리 세상에 보급된다면 세상은 자연 결함 없는 세계가 될 것이요,
사람들은 모두 불보살이 되어 다시없는 이상의 천국에서
남녀노소가 다 같이 낙원을 수용하게 되리라.]

대종사님이 권하는 이 법을 개인이 배워서 실천하면 개인이 나아질 것이고
세상 사람들이 모두 배워서 실천하면 세상이 나아질 것입니다.
소위 '교화'가 이뤄져야 세상의 병도 치유가 될 것입니다.
이 병은 육신의 병이 아니기 때문에 이 법으로 공부해서 마음의 힘을 얻어
원만한 인격을 양성해야 치유가 됩니다.
중생이 불보살이 되어야 근본적인 치유가 가능합니다.
'결함 없는 세계', '낙원'에서의 새로운 삶이 가능해집니다.

대종사님은 앞에서도 '영육이 쌍전하고 내외가 겸전하여 결함 없는 세상'을 말씀하시고
'완전한 세상'을 말씀하셨습니다.
「개교의 동기」에서는 '광대무량한 낙원'을 꿈꾸셨습니다.
이 낙원과 이 세상으로 가려는 방법이 바로 신앙과 수행이고
'인생의 요도', '공부의 요도'이고, '사은사요', '삼학팔조'인 것입니다.

• 신앙의 강령–사은사요–인생의 요도–인생길
• 수행의 강령–삼학팔조–공부의 요도–공부길

병의 진단과 처방, 의술과 약재의 비유로 가르침을 주신 다음 법문을 참고합니다.

『정전』「인생人生의 요도要道와 공부工夫의 요도要道」

사은 · 사요는 인생의 요도요, 삼학 · 팔조는 공부의 요도인 바,
인생의 요도는 공부의 요도가 아니면
사람이 능히 그 길을 밟지 못할 것이요,
공부의 요도는 인생의 요도가 아니면
사람이 능히 그 공부한 효력을 다 발휘하지 못할지라,
이에 한 예를 들어 그 관계를 말한다면,
공부의 요도는 의사가 환자를 치료하는 의술과 같고,
인생의 요도는 환자를 치료하는 약재와 같나니라.

나의 마음공부

• 나는 '분수에 편안하는 도'를 얼마나 실행하고 있나요?

• 나는 '근본적으로 은혜를 발견하는 도'를 얼마나 실행하고 있나요?

• 나는 '자력 생활하는 도'를 얼마나 실행하고 있나요?

• 나는 '배우는 도'를 얼마나 실행하고 있나요?

- 나는 '가르치는 도'를 얼마나 실행하고 있나요?

- 나는 '공익 생활하는 도'를 얼마나 실행하고 있나요?

- 나는 '공부의 요도'를 얼마나 잘 알고, 얼마나 실행하고 있나요?

- 나는 '인생의 요도'를 얼마나 잘 알고, 얼마나 실행하고 있나요?

36

대종사 말씀하시기를
[종교와 정치는 한 가정에 자모慈母와 엄부嚴父같나니
종교는 도덕에 근원하여 사람의 마음을 가르쳐
죄를 짓기 전에 미리 방지하고 복을 짓게 하는 법이요,
정치는 법률에 근원하여 일의 결과를 보아서 상과 벌을 베푸는 법이라,

자모가 자모의 도를 다하고 엄부가 엄부의 도를 다하여,
부모가 각각 그 도에 밝으면 자녀는 반드시 행복을 누릴 것이나
만일 부모가 그 도에 밝지 못하면 자녀가 불행하게 되나니,
자녀의 행과 불행은 곧 부모의 잘하고 못하는 데에 있는 것과 같이
창생의 행과 불행은 곧 종교와 정치의 활용 여하에 달려 있는지라
제생 의세를 목적하는 우리의 책임이 어찌 중하지 아니하리요.

그러므로, 우리는 먼저 우리의 교의敎義를 충분히 알아야 할 것이요,
안 후에는 이 교의를 세상에 널리 베풀어서
참다운 도덕에 근본한 선정 덕치善政德治를 베풀어
모든 생령과 한 가지 낙원의 생활을 하여야 우리의 책임을 다하였다 하리라.]

『대종경』「교의품」36장

- **교의敎義** : 어떤 종교에서 진리라고 믿는 가르침. 교리.
- **자모慈母** : 자식에 대한 사랑이 깊다는 뜻으로 자애로운 어머니를 일컫는 말.
- **엄부嚴父** : 엄격한 아버지. 엄부.

종교와 정치, 자모와 엄부 | 풀이 |

대종사 말씀하시기를
[종교와 정치는 한 가정에 자모慈母와 엄부嚴父같나니
종교는 도덕에 근원하여 사람의 마음을 가르쳐
죄를 짓기 전에 미리 방지하고 복을 짓게 하는 법이요,
정치는 법률에 근원하여 일의 결과를 보아서 상과 벌을 베푸는 법이라,

대종사님이 치료하고 싶은 사람, 제도하려는 사람은 몇몇 개인이 아닙니다.
모든 사람들, 일체중생, 창생입니다.
바꾸고 싶은 것도 작은 범위가 아니라 인류 '문명' 입니다.
종교와 정치를 함께 언급하는 이유입니다.
종교의 힘, 정치의 힘만으로는 '결함 없는 세계', '낙원' 건설이 힘들기 때문입니다.

종교는 마음으로 '원인' 을 다스리고,
정치는 법률로 '결과' 를 다스린다고 보신 대종사님의 관점 또한
인과의 이치에 기초한 가르침입니다.
'겸전' 을 중시하는 대종사님의 사상을 다시 한번 확인하게 되는 법문입니다.

자모가 자모의 도를 다하고 엄부가 엄부의 도를 다하여,
부모가 각각 그 도에 밝으면 자녀는 반드시 행복을 누릴 것이나
만일 부모가 그 도에 밝지 못하면 자녀가 불행하게 되나니,
자녀의 행과 불행은 곧 부모의 잘하고 못하는 데에 있는 것과 같이
창생의 행과 불행은 곧 종교와 정치의 활용 여하에 달려 있는지라
제생 의세를 목적하는 우리의 책임이 어찌 중하지 아니하리요.

창생의 행복과 불행을 책임지고, 제생의세의 책임을 완수하려면
종교와 정치 모두 각자가 책임진 몫을 다해야 할 것입니다.
무엇보다 '책임'에 대한 자각이 우선되어야 하겠습니다.

그러므로, 우리는 먼저 우리의 교의敎義를 충분히 알아야 할 것이요,
안 후에는 이 교의를 세상에 널리 베풀어서
참다운 도덕에 근본한 선정 덕치善政德治를 베풀어
모든 생령과 한 가지 낙원의 생활을 하여야 우리의 책임을 다하였다 하리라.]

소태산 대종사님 특유의 논리적 가르침이 전개됩니다.
첫째, '우리의 교의를 충분히 알아야' 하고
둘째, '세상에 널리 베풀어' 야 하고
셋째, '참다운 도덕에 근본한 선정덕치를 베풀어' 야 하고
넷째, '모든 생령과 한 가지 낙원의 생활을 하여야'
다섯째, 비로소 '우리의 책임을 다하였다' 고 할 수 있답니다.

대종사님은 과정도 결과도 완전하기를 간절히 소망하십니다.
원불교인들의 삶의 지향이 되기에 마땅한 법문입니다.

나의 마음공부

- 나는 '자모' 처럼 얼마나 자애롭나요?

- 원불교는 일체 중생들에게 '자모' 로서의 역할을 얼마나 잘하고 있나요?

- 나는 원불교의 '교의' (교리)를 얼마나 충분히 알고 있나요?

- 우리 교의를 세상에 얼마나 널리 베풀고 있나요?

- '참다운 도덕에 근본한 선정덕치' 를 베풀도록 얼마나 노력하고 있나요?

- 얼마나 많은 생령과 '한 가지 낙원 생활' 을 하고 있나요?

37

대종사 선원 해제식에서 대중에게 말씀하시기를
[나는 선중(禪中) 삼개월 동안에 바람 불리는 법을 그대들에게 가르쳤노니,
그대들은 바람의 뜻을 아는가.
무릇, 천지에는 동남과 서북의 바람이 있고 세상에는 도덕과 법률의 바람이 있나니,
도덕은 곧 동남풍이요 법률은 곧 서북풍이라,
이 두 바람이 한 가지 세상을 다스리는 강령이 되는 바,
서북풍은 상벌을 주재하는 법률가에서 담당하였거니와
동남풍은 교화를 주재하는 도가에서 직접 담당하였나니,
그대들은 마땅히 동남풍 불리는 법을 잘 배워서
천지의 상생상화(相生相和)하는 도를 널리 실행하여야 할 것이니라.

그런즉, 동남풍 불리는 법은 어떠한 것인가.
이것은 예로부터 모든 부처님과 성자들의 교법이나
지금 우리의 교의가 다 그 바람을 불리는 법이요,
이 선기 중에 여러 가지의 과정(課程)이 또한 그 법을 훈련시킨 것이니,
그대들은 각자의 집에 돌아가 그 어떠한 바람을 불리겠는가.

엄동 설한에 모든 생령이 음울한 공기 속에서 갖은 고통을 받다가
동남풍의 훈훈한 기운을 만나서 일제히 소생함과 같이
공포에 싸인 생령이 안심을 얻고,
원망에 싸인 생령이 감사를 얻고,
상극(相克)에 싸인 생령이 상생을 얻고,
죄고에 얽힌 생령이 해탈을 얻고,

타락에 처한 생령이 갱생을 얻어서
가정·사회·국가·세계 어느 곳에든지 당하는 곳마다 화하게 된다면
그 얼마나 거룩하고 장한 일이겠는가.
이것이 곧 나의 가르치는 본의요, 그대들이 행할 바 길이니라.

그러나, 이러한 동남풍의 감화는 한갓 설교 언설만으로 주어지는 것이 아니요,
먼저 그대들의 마음 가운데에 깊이 이 동남풍이 마련되어서
심화기화心和氣和하며 실천궁행하는 데에 이루어지나니,
그대들은 이 선기 중에 배운 바 모든 교의를 더욱 연마하고 널리 활용하여,
가는 곳마다 항상 동남풍의 주인공이 되라.]

『대종경』「교의품」37장

- **해제 解制** : 사찰의 선방에서 하안거夏安居와 동안거冬安居를 마치는 것. 원불교에서 일정 기간을 정해놓고 하는 선禪이나 교리훈련을 마치는 것. 선이나 교리훈련을 시작할 때는 결제식結制式을 하고 마치게 되면 해제식을 한다.
- **상생상화 相生相和** : 사람이나 물건이나 일의 인과관계가 서로를 살리고 조화를 이루는 관계. 화합 융통하는 관계. 상생상화의 세계는 평화와 은혜의 세계이며 선인선과를 불러온다.
- **상극 相克·相剋** : 두 사물이나 사람 사이가 서로 상충하여 맞서거나 해를 끼쳐 어울리지 아니함. 음양오행설에서 금金과 목木, 목과 토土, 토와 수水, 수와 화火, 화와 금의 관계처럼 서로 조화를 이루지 못함을 이르는 말.
- **심화기화 心和氣和** : 소태산 대종사가 제자들에게 이상적 인격의 경지와 사회를 감화시키고 전 인류를 구제하는 교화의 본의를 천명한 표현으로 원불교의 수행론과 구세이념을 함축하고 있다. 자신의 마음과 기운을 조화롭게 가꾸어 전인적 성숙을 기하고 이를 사회적으로 확산시켜 조화롭고 성숙한 사회를 이룩하자는 의미를 담고 있다.
- **소생 蘇生** : 거의 죽어 가다가 다시 살아남. 회생回生.
- **실천궁행 實踐躬行** : 실지로 몸소 이행함. 모든 일을 함에 있어 자기 몸으로 직접 앞장서서 실제로 행하는 것을 말한다.
- **갱생 更生** : 거의 죽을 지경에서 다시 살아남. 마음이나 생활 태도를 바로잡아 본디의 옳은 생활로 되돌아가거나 발전된 생활로 나아감.

가는 곳마다 항상 동남풍의 주인공이 되라 | 풀이 |

대종사 선원 해제식에서 대중에게 말씀하시기를
[나는 선중(禪中) 삼개월 동안에 바람 불리는 법을 그대들에게 가르쳤노니,
그대들은 바람의 뜻을 아는가.

'바람 불리는 법'에 비유해서 해제 법문을 하십니다.

무릇, 천지에는 동남과 서북의 바람이 있고 세상에는 도덕과 법률의 바람이 있나니,
도덕은 곧 동남풍이요 법률은 곧 서북풍이라,
이 두 바람이 한 가지 세상을 다스리는 강령이 되는 바,
서북풍은 상벌을 주재하는 법률가에서 담당하였거니와
동남풍은 교화를 주재하는 도가에서 직접 담당하였나니,
그대들은 마땅히 동남풍 불리는 법을 잘 배워서
천지의 상생상화(相生相和)하는 도를 널리 실행하여야 할 것이니라.

'바람'을 다시 두 가지로 나누어 설명하십니다.
- 서북풍–법률–상벌 주재–법률가
- 동남풍–도덕–교화 주재–도가

천지에는 상생상화의 도가 있으니 이를 널리 실행하기를 촉구하십니다.
'동남풍 불리는 법'을 잘 배워야 가능한 일입니다.

그런즉, 동남풍 불리는 법은 어떠한 것인가.
이것은 예로부터 모든 부처님과 성자들의 교법이나
지금 우리의 교의가 다 그 바람을 불리는 법이요,
이 선기 중에 여러 가지의 과정(課程)이 또한 그 법을 훈련시킨 것이니,

그대들은 각자의 집에 돌아가 그 어떠한 바람을 불리겠는가.

'동남풍을 불리는 법'은 제불제성諸佛諸聖들께서 이미 내놓은 교법이고
소태산 대종사님이 가르쳐주신 교법입니다.
우리가 배우고 실천해야 할 일입니다.

엄동 설한에 모든 생령이 음울한 공기 속에서 갖은 고통을 받다가
동남풍의 훈훈한 기운을 만나서 일제히 소생함과 같이
공포에 싸인 생령이 안심을 얻고,
원망에 싸인 생령이 감사를 얻고,
상극相克에 싸인 생령이 상생을 얻고,
죄고에 얽힌 생령이 해탈을 얻고,
타락에 처한 생령이 갱생을 얻어서
가정·사회·국가·세계 어느 곳에든지 당하는 곳마다 화하게 된다면
그 얼마나 거룩하고 장한 일이겠는가.
이것이 곧 나의 가르치는 본의요, 그대들이 행할 바 길이니라.

소태산 대종사님이 제자들에게 바라는 바가 명료하게 설해지고 있습니다.
'그대들이 행할 바 길'이니 이 길로 나아가 달라고 부촉하십니다.
이 법을 공부한 사람들이 살아가야 할 길입니다.
대종사님이 교법을 새로 내어 제자들을 훈련시킨 까닭입니다.
'이것이 곧 나의 가르치는 본의'라고 설하십니다.

그러나, 이러한 동남풍의 감화는 한갓 설교 언설만으로 주어지는 것이 아니요,
먼저 그대들의 마음 가운데에 깊이 이 동남풍이 마련되어서
심화기화心和氣和하며 실천궁행하는 데에 이루어지나니,
그대들은 이 선기 중에 배운 바 모든 교의를 더욱 연마하고 널리 활용하여,
가는 곳마다 항상 동남풍의 주인공이 되라.]

동남풍은 그냥 불려지지 않습니다.
먼저 우리 마음 가운데에 '깊이' 동남풍이 마련되어야 하고,
우리가 먼저 '심화기화하며 실천궁행' 해야 가능한 일입니다.

동남풍을 기다리는 사람이 아니라
동남풍을 불리는 주인공이 되려면
소태산 대종사님의 '모든 교의'를 '더욱 연마하고 널리 활용' 해야겠습니다.
우리가 수행하고 신앙하는 이유입니다.

나부터 소생하고,
나부터 안심을 얻고,
나부터 감사를 얻고,
나부터 상생을 얻고,
나부터 해탈을 얻고,
나부터 갱생을 얻어서
가정·사회·국가·세계 어느 곳에든지 당하는 곳마다 화하며 살아야겠습니다.
내가 먼저 동남풍의 주인공이 되어야겠습니다.

나의 마음공부

- 이 법문에서 일컫는 서북풍과 동남풍을 생활에서 잘 알고 잘 느낄 수 있나요?

- 내 주변에서 동남풍을 잘 불리는 사람을 찾아봅니다.

- 나는 공포에 싸인 누군가에게 안심을 주고 있나요?

- 나는 원망과 상극에 싸인 누군가를 감사와 상생의 길로 안내하고 있나요?

- 나는 죄고와 타락에 처한 누군가에게 해탈과 갱생을 얻게 하고 있나요?

- 내 마음 깊은 곳에서 늘 동남풍이 불고 있나요?

- 동남풍을 끝없이 불릴 수 있는 법을 잘 알고, 잘 실행하고 있나요?

38

대종사 말씀하시기를
[종교와 정치가 세상을 운전하는 것은 수레의 두 바퀴 같나니,
만일 두 바퀴가 폐물이 되었다든지,
또는 한 바퀴라도 무슨 고장이 있다든지,
또는 그 운전사의 운전이 서투르다면 그 수레는 잘 운행되지 못할 것이니라.

그런즉, 어찌하여야 그 수레를 잘 운전하여 수레의 본분을 잃지 아니하게 할 것인가.
이는 곧 두 가지 방법이 있나니,
하나는 수레를 자주 수선하여 폐물이 되거나 고장이 생기지 않게 하는 것이요,
하나는 그 수레를 운전하는 사람이 지리(地理)를 잘 알아서 그에 맞추어 안전하게
운전하는 것이라,

종교와 정치도 또한 이와 같아서
세상을 잘 운전하기로 하면
시대를 따라서 부패하거나 폐단이 생기지 않게 할 것이요,
그 지도자가 인심의 정도를 맞추어서
적당하게 법을 쓰고 정사를 하여야 할 것이니라.]

『대종경』「교의품」 38장

종교와 정치, 수레의 두 바퀴 | 풀이 |

대종사 말씀하시기를
[종교와 정치가 세상을 운전하는 것은 수레의 두 바퀴 같나니,
만일 두 바퀴가 폐물이 되었다든지,
또는 한 바퀴라도 무슨 고장이 있다든지,
또는 그 운전사의 운전이 서투르다면 그 수레는 잘 운행되지 못할 것이니라.

종교와 정치의 관계를 수레의 두 바퀴에 비유해서 설명하십니다.
대종사님이 지속적으로 '정치'에 관한 언급을 하는 이유는 무엇일까요?
'결함 없는 세상', '참 문명 세계', '광대무량한 낙원'을 꿈꾸기 때문입니다.
세상이 낙원화 되지 않고는 개인의 삶이 행복하기 힘들기 때문입니다.
종교만으로는 그런 세상을 만들 수 없기 때문입니다.

그런즉, 어찌하여야 그 수레를 잘 운전하여 수레의 본분을 잃지 아니하게 할 것인가.
이는 곧 두 가지 방법이 있나니,
하나는 수레를 자주 수선하여 폐물이 되거나 고장이 생기지 않게 하는 것이요,
하나는 그 수레를 운전하는 사람이 지리地理를 잘 알아서 그에 맞추어 안전하게
운전하는 것이라,

수레의 본분은 사람이나 물건을 안전하고 신속하게 옮기는 일이죠.
종교와 정치도 서로의 본분을 다하려면 합력하고 협력해야 합니다.
수레가 잘 굴러가도록 늘 수리하고 기름을 쳐주듯이
종교와 정치의 제도도 늘 개선하고 보완해야 합니다.
그리고 수레가 아무리 좋아도 운전을 잘해야 수레의 본분을 다하듯이
종교와 정치도 운영을 제대로 해야 그 본분을 다할 것입니다.

그만한 실력을 갖춘 훈련된 인격의 소유자들이 필요합니다.

종교와 정치도 또한 이와 같아서
세상을 잘 운전하기로 하면
시대를 따라서 부패하거나 폐단이 생기지 않게 할 것이요,
그 지도자가 인심의 정도를 맞추어서
적당하게 법을 쓰고 정사를 하여야 할 것이니라.]

제도 개선과 운영 모두 원만하게 이뤄져야 '수레의 본분'을 다할 수 있을 것입니다.
'시대를 따라' 부패와 폐단이 생기면
'때를 따라 성자들이 출현' -『정전』「법률은」하고 사회 변화가 일어납니다.
새로운 수레와 운전법이 출현할 것입니다.

꼭 성자가 아니어도
먼저 깨달은 지도자라면 그렇게 해야 합니다.

나의 마음공부

- 현재 종교와 정치라는 두 수레바퀴가 본분을 다하고 있다고 생각하나요?

- 종교라는 수레바퀴는 제대로 기능을 하고 있나요? 고칠 점은 무엇인가요?

- 정치라는 수레바퀴는 제대로 기능을 하고 있나요? 고칠 점은 무엇인가요?

- 원불교인으로서 내가 해야 할 일은 무엇일까요?

39

대종사 물으시기를
[우리가 기위 한 교문을 열었으니 어찌하여야 과거의 모든 폐단을 개선하고 새로운 종교로써 세상을 잘 교화하겠는가.]

박대완朴大完이 사뢰기를
[모든 일이 다 가까운 데로부터 되는 것이오니 세상을 개선하기로 하오면 먼저 우리 각자의 마음을 개선하여야 하겠나이다.]
송만경宋萬京이 사뢰기를
[우리의 교리와 제도가 이미 시대를 응하여 제정되었사오니 그 교리와 제도대로 실행만 하오면 자연 세상이 개선되겠나이다.]
조송광曺頌廣이 사뢰기를
[저는 아직 대종사의 깊으신 뜻을 다 알지 못하오나 대종사의 법은 지극히 원만하고 지극히 평등하사 세계의 대운大運을 따라 무위이화無爲而化로 모든 인류가 개선될 줄 믿나이다.]

대종사 말씀하시기를
[그대들의 말이 다 옳도다.
사람이 만일 세상을 개선하기로 하면 먼저 자기의 마음을 개선하여야 할 것이요,
마음을 개선하기로 하면 먼저 그 개선하는 법이 있어야 하는데,
우리는 이미 법이 있고 또는 그대들이 이 공부하는 이치를 알았으니
더욱 정성을 다하여 오늘의 이 문답이 반드시 실천으로 나타나게 하라.
각 종교가 개선되면 사람들의 마음이 개선될 것이요,

사람들의 마음이 개선되면 나라와 세계의 정치도 또한 개선되리니
종교와 정치가 비록 분야分野는 다르나
그 이면에는 서로 떠나지 못할 연관이 있어서
한 가지 세상의 선 불선善不善을 좌우하게 되나니라.]

『대종경』「교의품」 39장

- **무위이화 無爲而化** : 함이 없이 되어짐을 뜻하는 도가철학 용어. 우주 대자연은 인위나 조작이 없이 그대로 두어도 저절로 이루어진다. 노자는 인간이 지知와 욕欲에 의해서 무엇인가를 하려고 하면 오히려 세상에 대위 大僞와 대란 大亂을 초래하는 계기가 되므로 대자연의 저절로 이루어지는 진리에 따라야 한다고 했다. 소태산 대종사는 "우주와 만물은 유도 아니요 무도 아닌 그것이나, 그중에서 그 있는 것이 무위이화 자동으로 생겨나, 우주는 성成·주住·괴壞·공空으로 변화하고, 일월은 왕래하여 주야를 변화시킨다"(『대종경』「천도품」 5장)고 했다.

어찌하여야 새로운 종교로써 세상을 잘 교화하겠는가 | 풀이 |

대종사 물으시기를
[우리가 기위 한 교문을 열었으니 어찌하여야 과거의 모든 폐단을 개선하고 새로운 종교로써 세상을 잘 교화하겠는가.]

'과거의 모든 폐단을 개선하고 세상을 잘 교화하기 위해서
새로운 종교의 문을 열었음을 잘 이해하고 있나?'
마치 대종사님이 우리에게 이렇게 말씀하시는 듯합니다.

박대완朴大完이 사뢰기를
[모든 일이 다 가까운 데로부터 되는 것이오니 세상을 개선하기로 하오면 먼저 우리 각자의 마음을 개선하여야 하겠나이다.]
송만경宋萬京이 사뢰기를
[우리의 교리와 제도가 이미 시대를 응하여 제정되었사오니 그 교리와 제도대로 실행만 하오면 자연 세상이 개선되겠나이다.]
조송광曺頌廣이 사뢰기를
[저는 아직 대종사의 깊으신 뜻을 다 알지 못하오나 대종사의 법은 지극히 원만하고 지극히 평등하사 세계의 대운大運을 따라 무위이화無爲而化로 모든 인류가 개선될 줄 믿나이다.]

대종사님은 늘 제자들과 질의응답, 회화를 즐기셨습니다.
사제 간에 자유롭게 의견을 나누는 장면입니다.
지혜, 집단 지성을 일깨우는 공부의 한 장면이라고 볼 수 있습니다.

대종사 말씀하시기를
[그대들의 말이 다 옳도다.
사람이 만일 세상을 개선하기로 하면 먼저 자기의 마음을 개선하여야 할 것이요,
마음을 개선하기로 하면 먼저 그 개선하는 법이 있어야 하는데,
우리는 이미 법이 있고 또는 그대들이 이 공부하는 이치를 알았으니
더욱 정성을 다하여 오늘의 이 문답이 반드시 실천으로 나타나게 하라.

'세상을 개선'하는 것이 새 종교의 목적임을 밝히십니다.
이는 다른 말로 '정신개벽'일 수도 있고 '광대무량한 낙원' 건설일 수도 있습니다.
그런데 그 순서는 점진적이고 방법도 온건합니다.
'먼저 자기의 마음을 개선'해야 하는데,
'그 개선하는 법'인 교법이 이미 있고,
'이 공부하는 이치'도 알고 있으니,
'정성을 다해', '실천'만 잘하면 된다는 말씀입니다.
앞서 제자들이 응답한 내용까지 다 포함해서 가르침을 펴십니다.

각 종교가 개선되면 사람들의 마음이 개선될 것이요,
사람들의 마음이 개선되면 나라와 세계의 정치도 또한 개선되리니
종교와 정치가 비록 분야分野는 다르나
그 이면에는 서로 떠나지 못할 연관이 있어서
한 가지 세상의 선 불선善不善을 좌우하게 되나니라.]

소태산 대종사님의 구세 경륜 실현 방법과 순서를 알 수 있는
내용들이 이어지고 있습니다.
'각 종교의 개선'으로 '사람들의 마음이 개선'되면
'나라와 세계의 정치도 개선'될 것으로 보십니다.
이런 '개선'들이 축적되면서 '정신개벽'도 이뤄질 것이고
'광대무량한 낙원'도 건설될 것입니다.

종교를 새롭게 해서, 신앙과 수행을 새롭게 하고,
교도들의 마음을 새롭게 해서, 정치도 새롭게 하고, 세상도 새롭게 하는
정신개벽, 낙원 건설의 이정표를 보여주십니다.
소태산 대종사님의 제생의세의 경륜이며 그 실행 순서와 방법입니다.

나의 마음공부

- 내 마음의 개선은 어떻게 하고 있나요?

- 원불교는 어떻게 개선된 종교인가요?

- 사람들의 마음을 개선하려면 어떻게 해야 할까요?

- 내가 종교 분야를 개선할 방법은 무엇일까요?

- 내가 정치 분야를 개선할 방법은 무엇일까요?

- 세상을 선한 세상으로 개선하기 위한 나의 실천 사항을 생각해 봅니다.

 **『대종경』 15품의 주요 내용**

제 1 서　품 : 원불교 창립 목적과 배경, 주요 과정 및 불교 혁신의 내용 등 소태산 사상의 서설적 법문.

제 2 교의품 : 원불교의 신앙·수행 교리 전반에 관한 법문.

제 3 수행품 : 원불교 수행법 이해와 실행에 관한 다양한 법문.

제 4 인도품 : 도덕의 이해와 실천에 관한 원론적 법문과 다양한 응용 법문.

제 5 인과품 : 인과보응의 이치에 대한 다양한 해석 사례와 응용 법문.

제 6 변의품 : 교리에 관련되거나 파생된 다양한 의문들에 관한 응답 법문.

제 7 성리품 : 성품의 원리와 깨달음, 견성 성불 및 성리문답에 관한 법문.

제 8 불지품 : 부처님의 경지와 심법, 자비방편에 관한 법문.

제 9 천도품 : 생사의 원리와 윤회·해탈, 영혼 천도에 관한 법문.

제 10 신성품 : 신앙인의 믿음과 태도에 관한 법문.

제 11 요훈품 : 인생길과 공부길을 안내하는 짧은 격언 형태의 법문.

제 12 실시품 : 다양한 경계에 응한 대종사의 용심법에 관한 법문.

제 13 교단품 : 원불교 교단의 의의와 운영, 발전 방안 및 미래 구상에 관한 법문.

제 14 전망품 : 사회·국가·세계, 종교, 문명, 교단의 미래에 관한 예언적 법문.

제 15 부촉품 : 대종사가 열반을 앞두고 제자들에게 남긴 부탁과 맡김의 법문.

소태산 대종경 마음공부 (2 교의품)

발행일 | 원기108년(2023년) 4월 1일
편저자 | 최정풍

디자인 | 토음디자인
인쇄 | ㈜문덕인쇄

펴낸곳 | 도서출판 마음공부
출판등록 | 2014년 4월 4일 제2022-000003호
주소 | 전북 익산시 익산대로 463, 3층
전화 | 070-7011-2392
ISBN | 979-11-982813-0-2
값 | 12,000원

도서출판 마음공부는 소태산마음학교를 후원합니다.
후원계좌 : 농협 301-0172-5652-11 (예금주: 소태산마음학교)